Heinz Winkler

Glücksmenüs

Heinz Winkler

unter Mitarbeit von Monika Titze

Glücksmenüs

Ehrenwirth

Die Deutsche Bibliothek – CIP-Einheitsaufnahme

Winkler, Heinz:
Glücksmenüs / Heinz Winkler. Unter Mitarb. von Monika Titze. – München : Ehrenwirth, 2000
ISBN 3-431-03600-7

ISBN 3-431-03600-7
© 2000 by Verlagsgruppe Lübbe GmbH & C. KG
Internet: www.ehrenwirth.de
Konzeption und Realisation: Alexandra Bauer, Christine Proske (Ariadne Buchkonzeption, München)
Redaktion: Cornelia Rüping
Umschlag: Grafikhaus, München
Satz: ew print & medien service gmbh, Würzburg
Druck: Westermann Druck, Zwickau
Printed in Germany

Inhalt

Schlemmen Sie sich glücklich

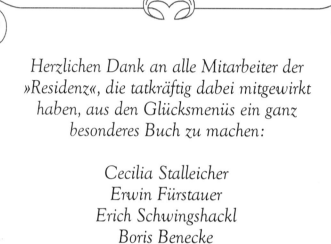

Herzlichen Dank an alle Mitarbeiter der
»Residenz«, die tatkräftig dabei mitgewirkt
haben, aus den Glücksmenüs ein ganz
besonderes Buch zu machen:

Cecilia Stalleicher
Erwin Fürstauer
Erich Schwingshackl
Boris Benecke

Schlemmen Sie sich glücklich

Glücksmenüs – das sind Rezepte für besonders schöne oder auch besonders trübe Stunden. Wenn Sie glücklich sind, vielleicht etwas zu feiern haben, laden Sie Ihre Freunde zu einem Freudenfest ein. Und selbst wenn einmal etwas nicht so gut läuft, können Sie sich oder Menschen, die Ihnen nahestehen, mit einem köstlichen Menü wunderbar trösten. Ein Glücksmenü ist ebenfalls dann genau das Richtige, wenn der graue Alltag Sie mal wieder aufzufressen droht: Setzen Sie einen Kontrapunkt und gönnen Sie sich ein bißchen Luxus, indem Sie ein exquisites Mahl zubereiten – das wirkt fast so gut wie ein Kurzurlaub.

Essen ist viel mehr als nur Nahrungsaufnahme. Aber Hand aufs Herz: Wie oft haben Sie in der letzten Woche so richtig mit Genuß gegessen? Einmal, zweimal oder öfter? Oder vielleicht überhaupt nicht? Häufig schlingen wir das Essen achtlos herunter, weil wir uns nicht genug Zeit nehmen. Oder wir verdrücken aus Bequemlichkeit das erstbeste Fertiggericht, das gerade zur Hand ist. Schade, denn jede Mahlzeit bietet uns die Chance, mitten im Alltag ein bißchen Wohlbefinden, Zufriedenheit und Glück zu tanken.

Essen hält bekanntlich Leib und Seele zusammen. Das Verhalten jedes Babys zeigt, wie stark körperliches und seelisches Wohlbefinden von der Nahrung abhängen: Bei Hunger gibt es Tränen, nach einer ordentlichen Mahlzeit strahlt der kleine Erdenbürger vor Wonne und Behaglichkeit. Dieses Gefühl der Sättigung ist die erste sinnliche Erfahrung, die wir mit der Nahrungsaufnahme verbinden.

Mit zunehmendem Alter kommen noch viele positive Erfahrungen hinzu: das erste Stückchen Schokolade, das erste Eis, das ganz persönliche Lieblingsessen. Im Lauf der Zeit wird aus so manchem Leckermäulchen ein veritabler Gourmet, für den gutes Essen ein Stück Lebensqualität bedeutet.

Doch nicht nur Essen, sondern auch Kochen kann glücklich machen. Leckere Gerichte zuzubereiten ist eine außerordentlich lustvolle Angelegenheit, bei der alle unsere Sinne ihren Spaß haben. Die Voraussetzung ist natürlich, daß Sie gerne kochen und sich dabei keinen Streß machen. Wer voller Hingabe in der Küche werkelt und die Welt um sich herum vergißt, empfindet ein ganz bestimmtes Glücksgefühl, das die Psychologen als »flow-Erlebnis« bezeichnen.

Schließlich bleibt noch der zwischenmenschliche Aspekt zu erwähnen. Eine Mahlzeit, die man mit anderen Menschen teilt, ist wie eine Brücke. Man sitzt gemeinsam an einem Tisch, ißt zusammen und kommt mühelos ins Gespräch. Daraus kann sich eine Liebesbeziehung entwickeln, eine Freundschaft oder ein lukratives Geschäft. Mit einem guten Essen kann man auch Anteilnahme und Zuneigung vermitteln, zum Beispiel wenn Sie Ihrer kranken Freundin einen großen Schokoladenkuchen backen oder Ihren Liebsten bzw. Ihre Liebste nach einem Streit zum Versöhnungsessen einladen.

In diesem Buch finden Sie jede Menge Glücksrezepte aus der »Residenz«. Wie Sie aus diesen Gerichten Glücksmenüs zusammenstellen, erfahren Sie im entsprechenden Kapitel. Daneben gibt es viele Tips und Anregungen rund um das Thema Essen und Glück. Und falls Sie einmal keine Lust haben, selbst zu kochen, können Sie sich natürlich auch bei uns in der »Residenz« mit einem Glücksmenü verwöhnen lassen.

Ihr

Heinz Winkler

Ihre

Monika Titze

Essen und Psyche:
Kann man gute Laune essen?

Wie Nährstoffe die Stimmung steuern

Können Nahrungsmittel tatsächlich die Stimmung beeinflussen? Machen wir die Probe aufs Exempel und schauen uns einmal unsere Eßgewohnheiten an. Der kulinarische Höhepunkt des Jahres ist der Dezember. Selten wird so ausdauernd und hemmungslos geschlemmt wie zur Weihnachtszeit. Zwischen dem ersten Advent und Silvester herrscht in puncto Essen der Ausnahmezustand. Vor allem Süßigkeiten werden in rauhen Mengen verzehrt: Christstollen, Plätzchen, Lebkuchen, Schokolade und Marzipankartoffeln – all die Dickmacher, die wir uns das ganze Jahr über versagen, sind dann ausnahmsweise erlaubt.

Und das war schon so, als die Menschen noch in Höhlen lebten. Die Wintersonnenwende wurde mit üppigen Eßgelagen gefeiert. Wissenschaftler haben inzwischen herausgefunden, daß unsere Vorfahren damit instinktiv das Richtige getan haben, um die dunkelste Zeit des Jahr nicht nur körperlich, sondern auch psychisch besser durchzustehen. Der Mangel an Tageslicht schlägt nämlich vielen Menschen auf die Stimmung – Mediziner sprechen in diesem Fall von Winterdepressionen. Typische Symptome dieser Erkrankung sind Müdigkeit, Energiemangel und das Bedürfnis, viel zu essen. Wissenschaftliche Untersuchungen haben bestätigt, daß eine Ernährung mit vielen Kohlenhydraten die Beschwerden lindern und die gute Laune zurückbringen kann. Weihnachtsplätzchen und Stollen helfen also tatsächlich gegen den Winterfrust.

Glück – eine Frage der Hormone?

Ob wir gut drauf sind oder miesepetrig in die Gegend schauen, hängt unter anderem davon ab, wie es um die Körperchemie bestellt ist. Eine bedeutende Rolle im Wechselspiel zwischen dem Körper und der Psyche kommt den Neurotransmittern zu. Das sind körpereigene Botenstoffe, die wichtige Funktionen bei der Erregungsleitung des Nervensystems erfüllen. Stark vereinfacht ausgedrückt, haben sie die Aufgabe, den winzigen Spalt zwischen zwei Nervenzellen zu überbrücken und so Informationen weiterzutransportieren.

Der Star unter den Neurotransmittern ist ein Botenstoff mit dem klangvollen Namen Serotonin. In Fernsehberichten und Presseartikeln wird Serotonin seit Jahren als das »Glückshormon« gefeiert. Obwohl von dieser Substanz nur etwa zehn Milligramm im Organismus vorhanden sind, beeinflußt sie viele Körperfunktionen und scheint außerdem für unser Wohlbefinden sehr wichtig zu sein. Eine ausreichende Menge Serotonin schafft die physiologischen Voraussetzungen dafür, daß wir uns entspannt, ausgeglichen und zufrieden fühlen. Man nimmt an, daß ein zu niedriger Serotoninspiegel eine der Ursachen für Befindlichkeitsstörungen wie Nervosität, Aggressionen oder schlechte Laune ist und auch zu psychischen Erkrankungen beitragen kann. Bei der Behandlung von Krankheitsbildern wie Depressionen, Angstzuständen und Zwangserkrankungen werden mit gutem Erfolg Medikamente eingesetzt, die den Serotoninhaushalt positiv beeinflussen.

Wenn der Serotoninspiegel absackt, kann das viele Ursachen haben. Unter anderem macht man – wie oben erwähnt – Lichtmangel dafür verantwortlich. Daneben wird diskutiert, ob Streß und zuwenig Schlaf sich negativ auf die Serotoninkonzentration auswirken. Außerdem gibt es Hinweise darauf, daß Frauen in der prämenstruellen Phase unter Serotoninmangel leiden, und deshalb häufig einen regelrechten Heißhunger auf Süßigkeiten entwickeln.

Glücksbausteine in der Nahrung

Mit unserer Nahrung nehmen wir bestimmte Stoffe auf, die der Körper benötigt, um einige der Neurotransmitter herzustellen. Das gilt auch für den Botenstoff Serotonin. Wichtigste Vorläufersubstanz für das »Glückshormon« ist ein Eiweißbaustein bzw. eine Aminosäure namens Tryptophan. Es ist in den meisten eiweißhaltigen Nahrungsmitteln enthalten, allerdings nur in sehr kleinen Mengen. Die anderen Aminosäuren sind in weit höherer Konzentration vorhanden, Tryptophan ist also ein rarer Stoff.

Von Bedeutung ist dies, weil nach einer Mahlzeit ein Ansturm von Aminosäuren auf das Gehirn einsetzt. Bevor eine Substanz aber ins Gehirn übertreten kann, muß sie die vorgelagerte Blut-Hirn-Schranke überwinden, was sie nur mit Hilfe eines Transportmoleküls, das man sich als Eintrittskarte vorstellen kann, schafft. Um diese »Eintrittskarten« konkurriert eine ganze Reihe von Aminosäuren. Tryptophan ist mengenmäßig unterrepräsentiert, daher hat der Gute-Laune-Baustein wenig Chancen, genügend »Eintrittskarten« zu ergattern.

Durch die Auswahl der Nahrungsmittel läßt sich dies allerdings ändern. Verwendet man kohlenhydratreiche Lebensmittel wie etwa Nudeln, Brot, Reis, Gemüse, Obst oder Zucker für die Zubereitung einer Mahlzeit und kombiniert diese nur mit einer kleinen Menge Eiweiß, sieht die Sache nämlich anders aus. Stark vereinfacht ausgedrückt, passiert bei einer Mahlzeit mit hohem Kohlenhydratgehalt folgendes: Das Hormon Insulin, das beim Verzehr von Kohlenhydraten freigesetzt wird, fängt die mit dem Tryptophan konkurrierenden Aminosäuren teilweise ab, um sie anderweitig zu verstoffwechseln. Dadurch entspannt sich die Situation an der Blut-Hirn-Schranke, das Gedränge läßt sozusagen nach. Weil die Aminosäure Tryptophan nicht auf Insulin anspricht, ist sie relativ stark vertreten, die Wahrscheinlichkeit, genügend »Eintrittskarten« ins Gehirn zu erwischen, erhöht sich. In der Folge gelangt mehr Tryptophan in den Hirnstoffwechsel, die Serotoninproduktion steigt an, und damit verbessert sich auch unsere Stimmung.

Bei einer sehr proteinreichen Mahlzeit dagegen, zum Beispiel wenn man ein dickes Steak mit wenig Beilagen ißt, fällt die Tryptophan- und damit die Serotoninkonzentration im Gehirn eher ab, da die anderen Aminosäuren das Rennen machen. Eine Ernährung mit viel Eiweiß steigert die Aktivität sowie die Leistungsfähigkeit und macht im Endeffekt eher munter. Viele Ernährungsratgeber empfehlen deshalb, mittags mehr Eiweiß zu essen, und abends, wenn man entspannen und zur Ruhe kommen möchte, Nahrungsmittel mit vielen Kohlenhydraten zu sich zu nehmen. Wer am Mittag eine eiweißhaltige Hauptmahlzeit ißt, und am Abend nur belegte Brote, liegt tendenziell richtig.

So stellen Sie Ihre Mahlzeiten optimal zusammen

Durch eine kohlenhydratbetonte Ernährung läßt sich der Serotoninspiegel also positiv beeinflussen. Die meisten kohlenhydratreichen Nahrungsmittel wie beispielsweise Brot oder Nudeln, weisen einen geringen Anteil an Aminosäuren und damit auch an Tryptophan auf. Deshalb läuft die Serotoninproduktion an, selbst wenn man keine eiweißhaltigen Lebensmittel, zum Beispiel Fleisch oder Eier, dazu ißt. Das Angebot an Gute-Laune-Bausteinen läßt sich aber dadurch erhöhen, daß man Gemüse, Reis oder Nudeln mit Lebensmitteln kombiniert, die einen möglichst günstigen Tryptophangehalt haben. Dazu gehören unter anderem Milch und Milchprodukte, Eier, Fisch, Bananen, Sojaprodukte, Steinpilze und Walnüsse. Allerdings sollten die Eiweißportionen nicht zu groß sein, da sonst die aktivierenden Aminosäuren die Überhand bekommen und unsere Gefühlslage beeinflussen. Schokolade hat in dieser Hinsicht die ideale Zusammensetzung: Neben Fett enthält sie viele Kohlenhydrate in Form von Zucker und etwas Milch.

Das hört sich ziemlich kompliziert an, ist aber in der Praxis ganz einfach. Eine gute Kombination, um eine ausgeglichene, zufriedene Stimmung herbeizuführen, ist zum Beispiel Milch mit Honig – ein Betthupferl, mit dem man auch aufgedrehte Kinder beruhigt: Milch enthält Tryptophan, und der Honig steuert reichlich einfache Kohlenhydrate bei. Oder die schon erwähnten Weihnachtsplätzchen: Nüsse haben einen günstigen Tryptophangehalt, Zucker und Mehl sorgen für viele Kohlenhydrate. Wer es lieber kräftig mag, serviert Tagliatelle mit Steinpilzen oder etwas gedämpften Lachs mit viel Kartoffeln und Spinat. Als Süßspeisen eignen sich Kreationen aus Eiern, Milch oder Sahne mit Zucker und Mehl wie etwa der Kaiserschmarren. Gerichte, die die Trypotphanproduktion anregen, finden Sie bei den Suppen, Vorspeisen und Snacks, bei den Desserts, und in den Kapiteln »Italienisches Flair: Pastafreuden« und »Köstliche Gaumenfreuden: Süßes zum Sattessen«.

Es gibt noch eine weitere Möglichkeit, Nahrungsmittel günstig zu kombinieren: Essen Sie nach einem normalen Hauptgericht einfach eine sehr süße Nachspeise oder ein Stück Kuchen. Auch dadurch wird die Insulinausschüttung angeregt und damit die Serotoninproduktion gefördert. Diese Strategie sollte aber nicht zur Gewohnheit werden, da viel Zucker auf Dauer schädlich für den Stoffwechsel ist.

Doch nicht alles, was süß schmeckt, hebt über den Stoffwechsel automatisch die Stimmung. So ist bei Light-Produkten, die mit Süßstoff versetzt sind, je nach verwendeter Substanz unter Umständen kein Effekt zu erwarten. Es gibt sogar Studien, die darauf hinweisen, daß große Mengen des Süßstoffs Aspartam Depressionen begünstigen können, weil Aspartam die Aminosäure Tryptophan verdrängt.

Für die Produktion von Serotonin wird zudem Vitamin B6 benötigt. Besonders viel von diesem Powerstoff enthalten Schweinefleisch, Huhn, Leber, Fisch, Gemüse, Kartoffeln, Avocado und Vollkornprodukte. Da der Körper Vitamin B6 nicht in größeren Mengen speichern kann, ist eine regelmäßige Zufuhr über die Nahrung wichtig. Die Werte können unter das Soll rutschen, wenn man zum Beispiel raucht, viel Kaffee oder häufig Alkohol trinkt. Besonders anfällig für Mangelzustände sind Frauen, die die Pille nehmen.

Doch der Körper braucht noch andere Vitamine und Mineralien, um Serotonin herzustellen. Dazu gehören die Vitamine C, E, Biotin und Folsäure, außerdem Chrom, Magnesium, Kupfer, Zink und Eisen. Eine gesunde, ausgewogene Ernährung ist also eines der Mosaiksteinchen für ein glückliches Leben.

Pfeffer gegen den Frust

Neben dem Serotonin produziert das Gehirn noch weitere Glücksstoffe, zum Beispiel die Endorphine. Das sind körpereigene Opiate, also betäubende Substanzen, die immer dann ausgeschüttet werden, wenn uns etwas weh tut. So kann eine werdende Mutter die Geburt nur überstehen, weil der Körper dabei eine Menge Endorphine produziert, die den Schmerz erträglicher machen und sie gleichzeitig in eine euphorische Stimmung versetzen.

Dieser Mechanismus greift ebenfalls, wenn wir etwas Scharfes essen – wenn auch in sehr viel geringerem Maße. Gewürze wie Chili oder Cayennepfeffer enthalten einen Wirkstoff namens Capsaicin. Kommt dieser mit den Sensoren der Schleimhäute in Berührung, entsteht ein Reiz, der so heftig ist, daß ihn das Gehirn als Schmerz deutet und zur Linderung Endorphine freisetzt. Als Nebeneffekt steigt die Stimmung. Ein scharfes Gericht kann also durchaus die Laune heben. Wenn Sie beim nächsten Anfall von Frust einen Happymacher brauchen, probieren Sie einfach eines der Rezepte aus dem Kapitel »Scharf und heiß: Chilis gegen den Seelenschmerz« aus.

Die Lust, sich satt zu essen

»Gutes Essen«, das hat der große Koch Auguste Escoffier einmal gesagt, »ist die Grundlage echten Glücks.« Sind Schlemmer und Gourmets also glücklichere Menschen? Um eine Antwort auf diese Frage zu finden, sollten wir zunächst überlegen, unter welchen Umständen Essen zum Genuß wird und uns Glücksgefühle verschafft. Eine typische Kantinenmahlzeit beispielsweise hat meistens wenig damit zu tun: Ein fades Stück Fleisch mit brauner Sauce und pampigen Beilagen kann zwar satt machen, doch den Gaumen wird eine solche Mahlzeit kaum erfreuen. Damit wir eine Speise genießen können, muß sie also bestimmte Qualitäten besitzen, die unsere Sinne als lustvoll empfinden.

Das ist aber noch nicht alles. Selbst ein Schlemmermenü im exklusiven Sternerestaurant ist keine Garantie für derartige Empfindungen. Wer das Essen eilig in sich hineinschlingt, um den Flieger noch zu erwischen, bekommt höchstens Magenschmerzen. Auch wenn der Eßtisch zum Kriegsschauplatz wird, stellen sich mit Sicherheit keine Lustgefühle ein. Fazit: Damit sich eine Mahlzeit positiv auf die Stimmung auswirkt, müssen sowohl die Bereitschaft als auch die Fähigkeit vorhanden sein, die Gaumenfreuden voll auszukosten.

Etwas so richtig zu genießen macht die meisten Menschen auf irgendeine Art glücklich. Denn angenehme Empfindungen lösen positive Emotionen aus, die man als Glücksbausteine bezeichnen kann. Leider verlieren aber viele Zeitgenossen diese Gabe im Lauf des Lebens. Menschen, die ständig unter Streß stehen oder an Depressionen leiden, sind häufig nicht mehr in der Lage, sich genußvolle Erlebnisse zu verschaffen.

Können Sie richtig genießen?

Glücklicherweise ist es aber nie zu spät, den Genießer wiederzuentdecken, der in jedem von uns schlummert. Das ist gar nicht so schwierig, wenn man weiß, wie Genuß funktioniert und worauf es dabei ankommt.

Erste Voraussetzung ist, daß man sich genügend Zeit nimmt für das, was man tun möchte. Denn Genuß en passant und auf die schnelle ist ein Unding. Wenn Sie also schon extra zu der Eisdiele gehen, in der Sie Ihr Lieblingseis bekommen, sollten Sie sich ein paar Minuten in die Sonne setzen, um Ihr Gelato in Ruhe zu verspeisen. Futtern Sie das Eis dagegen im Gehen zerstreut in sich hinein, können Sie sich die Kalorien genausogut sparen, weil Sie sowieso nichts davon haben.

Ebenso wichtig ist es, Streß und Ärger loszulassen und sich zu entspannen. In einem guten Restaurant achtet man deshalb immer auf eine angenehme Atmosphäre. Ein Gläschen Wein oder Champagner an der Bar hilft ebenfalls, Hektik und Verkrampfungen vor dem Essen loszuwerden und sich anschließend den angenehmeren Seiten des Lebens zuzuwenden.

Wenn Sie schließlich entspannt und gelöst am Tisch sitzen, ist es an der Zeit, alle ungebetenen Gäste zu verbannen. Dazu gehören zum Beispiel Vorsätze wie »Ich sollte heute eigentlich nur einen Salat essen«. Gestatten Sie sich das bevorstehende Vergnügen ausdrücklich, denn wer voller Schuldgefühle ißt, wird selbst die herrlichsten Leckerbissen nicht genießen können. Auch Ihr Kopf ist beim Schlemmen nicht sonderlich gefragt, denn Genuß ist nun mal eine Sache der Sinne. Der Gedanke, gerade ein paar Gramm sündhaft teure Trüffel zu konsumieren, mag zwar befriedigen – zu sinnlichen Sensationen wird er Ihnen aber nicht verhelfen. Das kann nur ein gut trainierter Geschmackssinn, der beim Essen Ihre ganze Aufmerksamkeit erfordert.

Ein bekanntes Sprichwort empfiehlt, daß man dann aufhören sollte, wenn es am besten schmeckt. Die meisten Menschen halten diesen Satz für lustfeindlich. Tatsächlich handelt es sich dabei aber eher um so etwas wie eine goldene Regel für Gourmets. Denn sich satt zu essen, heißt, die genossenen Köstlichkeiten satt zu haben – sie plötzlich nicht mehr sehen und riechen zu können. An diesem Punkt verweigern die Sinne aus Überdruß den Dienst. Maßloses Schlemmen führt deshalb sogar häufig zu körperlichem Unbehagen.

Augen und Ohren essen mit

Nach diesem kleinen Exkurs zur Hohen Schule des Genießens wollen wir uns jetzt der Frage zuwenden, wie Genuß auf der körperlichen Ebene funktioniert. Bei einem guten Essen empfangen unsere Sinne ein Feuerwerk von Reizen. Diese werden im Gehirn zu Empfindungen verarbeitet, die wir als angenehm und lustvoll wahrnehmen. Je mehr Sinne angesprochen werden, je intensiver und vielfältiger die Reize sind, desto größer ist das Lustgefühl. Wenn man sich etwas in den Mund schiebt, geht der akustische Sinn in puncto Lustgewinn meistens leer aus. Schwimmen aber ein paar knusprige Croûtons auf der Suppe, hat der Braten eine krosse Kruste, verwöhnen Sie auch Ihre Ohren mit stimulierenden Schwingungen.

Den Augen wird beim Essen schon mehr geboten. Wie ein Gericht aussieht, bestimmt den Appetit nämlich ganz entscheidend mit. Eine wichtige Signalwirkung hat dabei die

Farbe. Intensive Farbtöne stellen in der Regel den größten Genuß in Aussicht. Beim Anblick von leicht gebräunten Pommes frites läuft einem eher das Wasser im Mund zusammen, als wenn die Kartoffelstäbchen blaßgelb aussehen. Eine richtig schön rote Tomate verspricht mehr Aroma als ein helles Exemplar, und kräftig grüne Äpfel wirken knackiger als lindgrüne. Die Lebensmittelindustrie färbt deshalb viele Produkte ein, so daß man voller Erwartungen hineinbeißt – um so größer ist dann die Enttäuschung, wenn sich statt dem erwarteten Aroma nur ein fader Geschmack im Mund ausbreitet. Ein weiterer optischer Hinweis in Sachen Genuß ist der Glanz. Erdbeeren, die schön glänzen, signalisieren Feuchtigkeit und damit Frische. Frisches Obst oder ein gerade zubereitetes Gericht hat mehr Aroma und schmeckt intensiver. Köche von exklusiven Cateringfirmen zum Beispiel machen sich die Mühe, ihre Kanapees mit einer dünnen Schicht Aspik zu überziehen. So sehen die Häppchen auch nach Stunden noch appetitlich und frisch aus.

Wichtig für den Genuß ist zudem, wie eine Mahlzeit angerichtet wird. Wenn das Auge eine Vielfalt von Farben und Formen wahrnimmt, wächst die Lust, all die verschiedenen Aromen zu schmecken. Macht sich auf dem Teller dagegen ein undefinierbarer Mischmasch breit, hält sich die kulinarische Erwartung und damit der Appetit in Grenzen. Die Zitronenscheibe auf dem knusprig panierten Fischfilet sieht also nicht nur reizvoll aus, sie läßt auch bereits erahnen, wie sich die Röstaromen aufs Köstlichste mit dem sauren Geschmack der Zitrone verbinden werden.

Streicheleinheiten für den Gaumen

Ob wir beim Essen Lust empfinden, hängt auch davon ab, wie sich eine Speise im Mund anfühlt. Nicht jeder ist begeistert, wenn er eine kühle, schlüpfrige Auster zwischen den Zähnen hat. Eine luftige Mousse au Chocolat, die wie von selbst auf der Zunge zergeht, findet dagegen meist Zuspruch. Die Wissenschaftler sprechen in diesem Zusammenhang von Mundgefühl und der Textur bzw. der Konsistenz eines Lebensmittels. Man unterscheidet dabei zwischen vielen verschiedenen Merkmalen, wie zum Beispiel fest, weich, zäh, fließend, trocken, cremig oder ölig.

Die meisten Menschen empfinden Speisen als lustvoll und angenehm, die ein rundes, volles Mundgefühl erzeugen. Dazu gehören Lebensmittel wie Wurst, Schokolade, Sahnejoghurt oder cremiger Käse. Auch Pudding, Torte und Spaghetti mit Sauce finden immer Abnehmer. Alle diese Köstlichkeiten verdanken ihre cremige Konsistenz einer gehörigen Portion Fett, das die einzelnen Nahrungsbestandteile zu einer glatten, geschmeidigen Masse verbindet, die ohne viel Kauen im Mund zergeht und wunderbare Empfindungen hervorruft. Da Fett gleichzeitig der beste Aromaträger ist, schmecken Speisen mit einem hohen Fettanteil auch noch besonders intensiv.

Es gibt Untersuchungen, die belegen, daß vor allem Frauen auf die sanft-cremigen Dickmacher stehen. Männer mögen dagegen eher fetthaltige Lebensmittel, bei denen lustvolles Kauen und Knuspern angesagt ist, zum Beispiel Kartoffelchips, Fast food oder ein saftiges Steak mit viel Kräuterbutter. Welche Konsistenz bevorzugt wird, hängt auch von der jeweiligen Stimmung ab: Wer voller Energie ist, wird gerne einen knackigen Salat kauen. Bei schlechter Laune oder bei Kummer kommt dagegen ein Gaumenschmeichler wie Topfenpalatschinken besser an.

Trainieren Sie Ihre Nase

Der größte Genußfaktor beim Essen ist natürlich der Geschmack. Wenn wir vom köstlichen Geschmack einer Speise sprechen, ist das aber strenggenommen nicht ganz richtig. Denn rund 80 Prozent dieser Empfindung wird über den Geruchssinn vermittelt, der die flüchtigen Duftstoffe, die aus der Nahrung aufsteigen, wahrnimmt. Bereits wenn wir Gabel oder Löffel zum Mund führen, wird die Nase aktiv. Die nächste Meldung kommt, wenn der Bissen im Mund gelandet ist. Von dort gelangen chemische Stoffe über den Rachen auf die Sensoren der Nasenschleimhaut und lösen entsprechende Reize aus. Das läßt sich gut nachvollziehen, wenn man an die letzte Erkältung denkt: Ißt man bei einem heftigen Schnupfen zum Beispiel eine Birne, hinterläßt sie nur eine fade Süße. Der typische Geschmack fehlt, weil die Nase keine Informationen zum Aroma beisteuert.

Besonders interessant ist die enge Beziehung zwischen Gerüchen und Gefühlen. Während die Wahrnehmungen der Seh- und Hörorgane im Großhirn verarbeitet werden, liefern Nase und Mund die Daten an die ältesten, »primitiven« Hirnregionen, die auch für Emotionen und Instinkte zuständig sind. Wie stark Geruch und Gefühl verknüpft sind, kann man bei der mimischen Reaktion auf verschiedene Gerüche sehr gut beobachten. So läßt sich das Wohlbefinden, das jemand beim Duft einer Blume empfindet, meistens unmittelbar an seinem Gesichtsausdruck ablesen.

Gerüche sind außerdem häufig an Erinnerungen gekoppelt. So hat wahrscheinlich jeder schon einmal die Erfahrung gemacht, daß bei einem bestimmten Geruch plötzlich Empfindungen auftauchen, die mit der Vergangenheit zu tun haben. Die Duftmischung aus Koriander, Anis, Nelken, Piment und Zimt zum Beispiel löst bei den meisten Menschen wohlige Gefühle aus, weil diese Lebkuchengewürze automatisch mit Weihnachten in Verbindung gebracht werden. Ob wir bestimmte Aromen genießen oder verabscheuen, hat also auch mit Prägung und Gedächtnis zu tun. Wer zum ersten Mal im Leben Kaviar ißt und sich dabei heftig mit dem Partner streitet, wird den Geschmack der Fischeier mit einem negativen Gefühl assoziieren und in Zukunft wahrscheinlich wenig schätzen. Bei einem Feinschmeckermenü, das man in angenehmer Atmosphäre genießt, werden sich unbekannte Aromen dagegen eher mit positiven Empfindungen verknüpfen.

Alles, was wir im Mund schmecken, beschränkt sich im wesentlichen auf vier Geschmacksqualitäten: süß, salzig, bitter und sauer. Süß wird meistens als angenehm empfunden, bittere Geschmacksrichtungen lehnen viele Menschen dagegen ab. Die Vorliebe für Süßes ist angeboren. Sie half unseren Vorfahren dabei, solche Pflanzen und Früchte aufzuspüren, die gut bekömmlich und nahrhaft waren. Die natürliche Abneigung gegen Bitterstoffe war früher quasi eine Lebensversicherung. Denn bestimmte pflanzliche Giftstoffe, die sogenannten Alkaloide, schmecken bitter – eine bittere Frucht wurde also aus gutem Grund als ungenießbar eingestuft. In der Kindheit ist der Widerwille gegen bittere Geschmacksrichtungen im allgemeinen ausgeprägter als im Erwachsenenalter. Getränke wie Bier oder Tonic Water lehnen Kinder meistens intuitiv ab. In der Pubertät gilt der Konsum von bitteren Genußmitteln wie Zigaretten, Kaffee und Bier dann wiederum als ein Zeichen dafür, daß man zu den Erwachsenen gehört – meistens muß der Genuß aber erst einmal regelrecht geübt werden.

Die Empfindung, die sich aus der Kombination der Geruchs- und Geschmacksreize ergibt, wird als Aroma bezeichnet. Mit der Fähigkeit, Aromen wahrzunehmen, werden die Weichen für den Genuß und damit auch für das Glücksgefühl beim Essen gestellt. Ein echter Gourmet kann sich in epischer Breite über das Aroma von Trüffeln oder Olivenöl auslassen. Für Leute, die nur feststellen, ob ihnen der Braten schmeckt oder nicht, ist das oft unbegreiflich. Die gute Nachricht in dieser Hinsicht ist, daß man selten als Feinschmecker geboren wird. Ein Gourmet zeichnet sich eher dadurch aus, daß er ein Leben lang seinen Geschmacks- und Geruchssinn trainiert.

Was Feinschmecker anders machen

Essen wird dann zum unvergeßlichen Genuß, wenn unsere Sinne dabei nach allen Regeln der Kochkunst verwöhnt werden. Dafür gibt es ein paar einfache Richtlinien. So ist die Lust um so größer, je mehr unterschiedliche Reize unsere Sinne empfangen. Zum Beispiel wenn wir einen leckeren Salat essen: Das Auge freut sich, wenn die grünen Blättchen auf einem edlen Teller angerichtet und mit weiteren Zutaten wie Lachsstreifen oder Blüten dekoriert sind. Ein paar knusprige Croûtons oder Speckstreifen stellen die Ohren zufrieden. Für das wohlig-geschmeidige Mundgefühl sorgt ein Dressing auf Öl- oder Mayonnaisebasis, und ein paar Nüsse erhöhen den Genuß durch winzige Sensationen beim Kauen. Die Krönung der kleinen kulinarischen Orgie besteht in einer breiten Palette raffinierter Geschmacksnuancen, die sich in vollendeter Harmonie ergänzen.

Auch die Intensität der Reize spielt beim Genießen eine Rolle. Das fängt bei den Aromastoffen an: Ein gut abgehangenes Stück Fleisch von hervorragender Qualität hat mehr Eigenaroma und schmeckt deshalb besser als die abgepackte Billigware, die man im Supermarkt bekommt. Aus diesem Grund verarbeitet ein guter Koch grundsätzlich immer nur die besten Lebensmittel, die er auftreiben kann.

Da sich Geruchs- und Geschmackssinn relativ schnell an einen Reiz gewöhnen, werden die damit verbundenen Empfindungen nach kurzer Zeit schon nicht mehr wahrgenommen. Das ist durchaus von Vorteil, zum Beispiel wenn man sich in einem übel riechenden Raum aufhalten muß. Beim Essen bedeutet dies aber, daß das lustvolle Geschmackserlebnis nachläßt, je mehr von einer Speise man zu sich nimmt. Der erste Bissen ist also tatsächlich immer der beste. Durch dieses Phänomen läßt sich auch erklären, warum ein Lieblingsessen an Reiz verliert, wenn man es zu häufig ißt oder zuviel auf einmal davon vertilgt. Eine riesige Portion Mousse au Chocolat bereitet also weniger Genuß als ein gemischter Dessertteller, bei dem viele verschiedene Aromen den Gaumen immer wieder aufs Neue reizen. Das gleiche gilt natürlich für die Zusammenstellung der Mahlzeit. Ein noch so gutes Tellergericht kann niemals den gleichen Genuß bieten wie ein Menü, das mit jedem Gang die empfindlichen Sensoren in Mund und Nase mit neuen Reizen kitzelt.

Ein richtiger Feinschmecker sensibilisiert seine Sinne außerdem ganz gezielt. Ein einfacher Trick, um den Genuß zu erhöhen, besteht darin, sich hungrig an den Tisch zu setzen. Nicht umsonst sagt der Volksmund, daß Hunger der beste Koch sei. Wissenschaftliche Studien haben diesen Spruch inzwischen bestätigt: Man hat herausgefunden, daß die Sensibilität von Geruch und Geschmack nach Phasen der Abstinenz, wie etwa beim Fasten, zunimmt. Die Reizschwelle der Geschmackssinne läßt sich während einer Mahlzeit wieder absenken, wenn man beim Essen ab und zu eine Pause einlegt. Falls Sie in einem guten Restaurant auf den nächsten Gang warten müssen, liegt das nicht daran, daß die Küche nicht nachkommt. Der Koch will durch die Kunstpause vielmehr Ihren Geschmackssensoren die Zeit geben, sich zu erholen, damit Sie die nächste Köstlichkeit mit ausgeruhten Sinnen genießen können. Vor diesem Hintergrund wird auch klar, warum sich besonders ambitionierte Köche manchmal weigern, Gäste zu bedienen, die zwischen den Gängen eines Menüs zur Zigarette greifen.

Eßgenuß und Schlemmerfreuden

Ein langer Tisch im Schatten alter Bäume, darauf Schüsseln mit Obst und Oliven, Salami, Käse, Brot, Wein, ein bunter Blumenstrauß. Rundherum lauter fröhliche Gesichter, man lacht, prostet sich zu und genießt das Leben in vollen Zügen. Gastfreundschaft muß natürlich nicht immer so mediterran zelebriert werden. Sie können Ihre Freunde genausogut zum Gänsebraten einladen oder zu einem exklusiven Fünf-Gänge-Dinner bei Kerzenschein bitten. Hauptsache, Sie sitzen bei einem gemütlichen Essen mit Menschen zusammen, die Sie mögen und schätzen.

Wie wir bereits gesehen haben, wirkt sich Essen in vieler Hinsicht positiv auf die Laune aus. Essen versorgt den Körper mit Nährstoffen, macht satt und zufrieden, zudem kitzelt es die Sinne mit lustvollen Reizen. Daneben bietet die Nahrungsaufnahme auch noch Gelegenheit, unsere Bedürfnisse nach sozialen Kontakten und Zugehörigkeit zu befriedigen. Denn wer eine Mahlzeit mit anderen teilt, hat automatisch etwas mit den Tischgenossen gemeinsam – das verbindet und erleichtert die Kontaktaufnahme. So kommt man in der Kantine beim Mittagessen mit Kollegen ins Gespräch, die man sonst nur vom Sehen kennt. Ein erstes Rendezvous beim Italiener mit Wein und Pasta ebnet für Frischverliebte den Weg zu weiteren gemeinsamen Genüssen. Da Essen außerdem friedlich stimmt, ist der Eßtisch immer auch ein Ort der versöhnlichen Begegnung. Bei einem Businesslunch läßt sich deshalb so manches Problem lösen, das am Verhandlungstisch unüberwindlich scheint.

Mahlzeiten, die man regelmäßig gemeinsam einnimmt, sind eine Art Ritual, das eine Gruppe von Menschen aneinander bindet. Zum Beispiel das Abendessen, bei dem die ganze Familie zusammenkommt. Oder der Stammtisch, der Gleichgesinnte einmal im Monat zum Gedankenaustausch zusammenführt.

So sorgen Sie für das Glück Ihrer Freunde

In den letzen Jahren ist es wieder in Mode gekommen, Freunde und Bekannte zum Essen einzuladen. »Jemanden zu Gaste laden, heißt für sein Glück sorgen, solange er unter unserm Dache weilt«, hat der berühmte Feinschmecker Jean Anthelme Brillat-Savarin einmal gesagt. Damit sich Ihre Gäste wohl fühlen, ist es wichtig, eine möglichst entspannte, lockere Atmosphäre zu schaffen. Nichts wirkt sich so negativ auf die Stimmung aus wie ein Gastgeber, der schwitzend und fluchend in der Küche herumhantiert und völlig entnervt ist. Nehmen Sie Ihren Ehrgeiz beim Kochen lieber etwas zurück, und gehen Sie die Sache unverkrampft an, dann haben Sie selbst auch etwas davon.

Das wichtigste für eine gelungene Einladung ist die genau durchdachte Planung. Überlegen Sie schon ein paar Tage vorher, was Sie kochen wollen. So können Sie rechtzeitig mit dem Einkaufen anfangen und eine Menge Streß vermeiden. Beinahe alle Rezepte in diesem Buch lassen sich schon am Vormittag vorbereiten, so daß abends keine Hektik entsteht.

Wenn die Gäste kommen, drücken Sie jedem ein Glas Wein oder einen Drink in die Hand und bitten sie in die Küche. Ein bewährter Trick erfolgreicher Gastgeber ist, jedem, der ohne Gesprächspartner herumsteht, eine kleine Aufgabe zu übertragen: Kräuter hacken, den Wein dekantieren oder die Kerzen auf dem Tisch anzünden. So können auch Fremde ungezwungen ein Gespräch beginnen, und es gibt sicher bald etwas zu lachen.

Wenn man mit Freunden zusammen kocht, hat der Gastgeber bedeutend weniger Arbeit. Außerdem macht es Spaß, und alle Beteiligten haben später beim Essen ein Erfolgserlebnis. Gemeinsames Kochen kann auch eine Möglichkeit sein, neue Freunde zu finden. Fragen Sie einfach ein paar Bekannte, von denen Sie wissen, daß sie ebenfalls gerne kochen, ob sie Lust haben, dies einmal gemeinsam zu tun. Wenn sich die Runde bewährt, können Sie anregen, daß man sich reihum einmal im Monat trifft und zusammen ein Menü zubereitet.

Kochen gegen den Frust

Haben Sie eine besonders anstrengende Arbeitswoche hinter sich? Sind Sie ausgelaugt, gestreßt und frustriert? Dann stellen Sie sich doch einfach einmal an den Herd. Kochen ist eine wunderbare Möglichkeit, um Streß und Ärger loszuwerden, langsam zur Ruhe zu kommen und zu entspannen.

Ebenso wie bei anderen lustvollen Aktivitäten gibt es auch hier eine Art Vorspiel: das Studieren der Rezepte. Ein leidenschaftlicher Hobbykoch kann sich stundenlang damit beschäftigen, Kochbücher zu lesen und sich alle möglichen Genüsse auszumalen. Damit später beim Kochen der Lustfaktor stimmt, ist es wichtig, das passende Rezept zu finden. Am besten kochen Sie nur etwas, das Sie selbst auch gerne essen. Wer beispielsweise keinen Fisch mag, sollte bei den entsprechenden Seiten dieses Buchs gleich weiterblättern. Achten Sie außerdem auf Ihre Gelüste. Horchen Sie in sich hinein, wenn Sie das Kochbuch durchblättern, und finden Sie heraus, ob Ihnen der Sinn nach etwas Deftigem steht oder ob Sie eher Verlangen nach kleinen, feinen Leckereien haben.

Wie Einkaufen Spaß macht

Um unnötigen Frust zu vermeiden, empfiehlt es sich, ein zweites Rezept auszusuchen, falls sich die entsprechenden Zutaten beim Einkaufen nicht herbeibringen lassen. Damit das Kochen nicht in Streß ausartet, sollten Sie kurz darüber nachdenken, ob Sie die nötige Zeit und Geduld für das entsprechende Gericht oder Menü haben – ansonsten suchen Sie sich lieber ein einfacheres Rezept aus.

Dann nehmen Sie sich einen Einkaufskorb und gehen in aller Ruhe los. Falls die Möglichkeit besteht, gönnen Sie sich einen Bummel über den Wochenmarkt und durch die Feinkostgeschäfte. Die schön dekorierten Auslagen mit Obst, Gemüse, Eiern, Fleisch und Käse sind ein herrlicher Anblick. Das ist aber leider auch oft schon alles. Denn viele Lebensmittel, wie die berühmten holländischen Treibhaustomaten, sind nur nach optischen Gesichtspunkten gezüchtet und haben wenig Geschmack. Prüfen Sie das Angebot deshalb immer auch mit der Nase und – solange niemand etwas dagegen hat – mit den Fingern. Erdbeeren können noch so prall und saftig aussehen. Wenn man das Aroma nicht riecht, sind sie selten ein Genuß.

Packen Sie die besten und frischesten Lebensmittel, die Sie finden können, in Ihren Korb. Und vielleicht noch ein paar luxuriöse Extras dazu: 100 Gramm von den leckeren Oliven mit Kräutern, ein paar Scheiben Parmaschinken und einen großen

Strauß Rosen für den Eßtisch. Es ist immer ein Hochgenuß mit frischen, aromatischen Zutaten zu kochen, egal ob es sich dabei um etwas so Einfaches wie *Spaghetti mit geschmolzenen Tomaten, Kräutern und Ziegenkäse* handelt oder um ein raffiniertes Gericht, beispielsweise *Meeresfische in Safran-Vinaigrette*.

Wer hinsichtlich der Qualität auf Nummer sicher gehen will, kauft regionale Produkte der Saison. Bei allen anderen Lebensmitteln empfiehlt sich das Gespräch mit den Händlern. Fragen Sie nach, woher das Fleisch oder die Artischocke kommt, und lassen Sie sich beraten. Mit der Zeit wissen Sie dann ganz genau, worauf Sie achten müssen. Und dann macht Einkaufen erst richtig Spaß.

Wenn all die Leckereien später auf dem Küchentisch liegen, prüft ein richtiger Gourmet natürlich erst einmal, ob der Käse auch wirklich so köstlich schmeckt, wie er aussieht. Gönnen Sie sich ein Gläschen Wein dazu und ein Stück frisches, knuspriges Baguette. So gestärkt können Sie sich dann langsam ans Werk machen.

Kochen mit allen Sinnen

Denken Sie zuerst darüber nach, was alles zu tun ist. Machen Sie sich dann einen Plan. Falls Sie ein Menü kochen, überlegen Sie, womit Sie am besten anfangen. Das kann der Nachtisch sein, der ein paar Stunden in den Kühlschrank muß, oder die Suppe, die kurz vor dem Servieren nur noch einmal aufgewärmt wird. Dann organisieren Sie Ihren Arbeitsplatz. Räumen Sie alles Unnötige weg, und legen Sie Geräte sowie Zutaten bereit. Wenn man nach jedem Arbeitsgang wieder »klar Schiff« macht, arbeitet es sich entspannter, als wenn man ständig Dinge suchen oder beiseite schieben muß.

Damit Kochen wirklich Spaß macht, verdient jeder Handgriff volle Aufmerksamkeit, egal ob Sie Gemüse putzen oder eine Trüffelcreme zubereiten. Denn schnippeln, hacken, braten oder abschmecken ist ebenso wie Essen ein lustvolles Erlebnis für alle Sinne. Wer Freude am Kochen hat, kann seine Genußfähigkeit in der Küche sogar regelrecht trainieren – und das haben unsere Sinne auch dringend nötig. Ähnlich wie die Muskeln schlaffen sie allmählich ab und verkümmern, wenn man sie nicht regelmäßig gebraucht.

Schauen Sie sich doch mal ganz bewußt in Ihrer Küche um: Ist das Stilleben aus verschiedenen Gemüsesorten, dem glänzenden Fisch und einer edlen Flasche mit grüngoldenem Olivenöl auf dem Küchentisch nicht eine Lust für die Augen? Die Küche ist geradezu eine Oase der Sinnlichkeit. Da kann der Kopfarbeiter endlich wieder einmal so richtig mit den Händen zupacken: Teig kneten, Petersilie zupfen, ein Huhn häuten, all das macht unheimlich Spaß, wenn man die ganze Woche über verbissen auf den Bildschirm gestarrt hat. Und dann der unbeschreibliche Wohlgeruch junger Knoblauchzehen, die in Butter zergehen. Oder von ganz frischem Basilikum. Schließlich die Lust, all die Köstlichkeiten zu probieren, die in Töpfen und Pfannen ihrer Vollendung entgegenköcheln. Selbst das Zischen, Brutzeln, Blubbern, der heiße Dampf, der dem Szenario etwas beinahe Abenteuerliches verleiht, alles das hat eine wunderbar sinnliche Qualität.

Flow beim Kochen

Genüßliches Kochen macht noch auf eine andere Art glücklich. Zum Beispiel wenn Sie als leidenschaftliche Hobbyköchin oder begeisterter Hobbykoch selbstvergessen und voller Hingabe so etwas Leckeres zubereiten wie das *Emincé vom Fasan in Wacholdersauce*. Der Erfolgsautor Mihaly Csikszentmihalyi hat für diese Erfahrung lustvollen Tuns den Begriff »flow-Erlebnis« geprägt. Demnach sind wir dann »im Fluß«, wenn sich unser Fühlen, Wollen, Denken in Übereinstimmung befinden und wir mit soviel Spaß und Eifer bei der Sache sind, daß wir alles andere um uns herum vergessen.

Das, was man tut, sollte nicht zu einfach sein, andererseits aber auch nicht zu schwierig, damit man einen Erfolg verbuchen kann. Wenn Sie sich also ein Rezept aussuchen, das Sie mit Ihren küchentechnischen Fähigkeiten gerade noch meistern können, ist ein »flow-Erlebnis« möglich. Nehmen Sie dagegen etwas sehr Kompliziertes in Angriff, für das Ihr Know-how nicht ausreicht, wird sich vermutlich beim Kochen immer mehr Frust einstellen. Auf der anderen Seite droht Langeweile, wenn man ein sehr einfaches Gericht zubereitet, das keinerlei Herausforderung bedeutet.

Die Rezepte in diesem Kochbuch sind im Prinzip nicht schwierig, so daß sie jeder Laie nachkochen kann. Trotzdem erfordern sie ein gewisses Geschick und Konzentration. Abgesehen davon schmecken die Gerichte einfach köstlich.

Während des Kochens kann man sich ruhig schon ein Gläschen Wein genehmigen. Am besten öffnen Sie dazu eine der Flaschen, die Sie auch für das Essen vorgesehen haben. So bekommt der Wein bereits Sauerstoff, und Sie können die Gerichte in Harmonie mit dem Weinbouquet abschmecken. Außerdem wirkt sich der Alkohol positiv auf die Stimmung aus, so daß Streß und Hektik gar nicht erst aufkommen.

Rezepte

Kleine Küchenkunde

In den Rezepten werden einige Begriffe benutzt, die nicht jedem geläufig sind. An dieser Stelle können Sie nachlesen, was sie bedeuten. Außerdem finden Sie einige Empfehlungen und Erklärungen zu verschiedenen Zutaten.

Salz: In der Regel wird für die hier angegebenen Rezepte handelsübliches Salz (gesünder: Jodsalz) verwendet. Natürlich können Sie, wo es Ihnen passend erscheint, auch Kräutersalz einsetzen. Meersalz empfiehlt sich vor allem für die Zubereitung von Fisch und Fischsaucen.
Pfeffer: Frisch gemahlener Pfeffer entfaltet ein stärkeres Aroma – die Anschaffung einer Pfeffermühle lohnt sich also. Sie können aber auch handelsüblichen, bereits gemahlenen Pfeffer verwenden.
Weißer Pfeffer unterscheidet sich von schwarzem Pfeffer in seinem Aroma. Er riecht leicht nach Wacholder und eignet sich besonders für Wildgerichte.
Egal, welche Sorte Pfeffer Sie verwenden, geben Sie ihn immer erst auf das fertiggegarte Fleisch.

À part: restliche Mengen der Bestandteile eines Gerichts, die nicht auf dem Teller angerichtet, sondern extra in einem Schälchen, einer Sauciere oder auf einer Platte gereicht werden
Belon-Austern: spezielle Austernzüchtung; die teuerste, aber nicht die beste Sorte
Bratenjus: Bratensaft
Consommé: Fleischbrühe
Corail: Mark vom Hummer
Courgetten: Zucchini
Emincé: dünn geschnittenes Fleisch oder Filet
Feuilleté: Blätterteig, der in drei Schichten geschnitten wird
Fond blanc: Geflügelbrühe
Karkasse: Fischgräten oder Knochen

Mie de pain: Weißbrot, das in kleine Stücke geschnitten oder geraspelt und als Panade verwendet wird

Mozzarella: Frischkäse aus Italien (Lombardei, Mailand), eingelegt in ein Molkebad; aus der Gegend von Neapel stammt der Büffelmozzarella

Nappieren: mit Sauce übergießen

Noilly Prat: trockener französischer Wermut

Parieren: das Entfernen von Sehnen, Knorpeln und Fettstückchen aus einem Fleischstück, bevor es zubereitet wird

Perigord-Trüffel: schwarze Trüffel, die aus der Gegend Perigord, Frankreich, stammen

Reduzieren: einkochen

Sauteuse/sautieren: Sauteuse ist ein kleiner Topf mit Stiel; sautieren heißt etwas in der Sauteuse in heißem Öl und heißer Butter schwenken

Abkürzungen

EL	= Eßlöffel		cl	= Zentiliter
TL	= Teelöffel		ml	= Milliliter
Msp.	= Messerspitze		l	= Liter
mg	= Milligramm		Bd.	= Bund
g	= Gramm			
kg	= Kilogramm			

Leckeres für zwischendurch

Wohltuende Wärme: Suppen für die Seele

Eine bauchige Terrine voll dampfender Nudelsuppe strahlt etwas ungemein Beruhigendes aus. Und ist es nicht tatsächlich wohltuend, die goldgelbe Brühe genüßlich in sich hineinzulöffeln? Schon der Volksmund sagt, daß eine Suppe nicht nur den Bauch, sondern auch die Seele wärmt. Besonders wenn Ärger, Frust und Streß auf den Magen schlagen, wirkt ein Teller Suppe oft Wunder: Die warme, sämige Flüssigkeit entspannt die verkrampften Magennerven und beruhigt. Außerdem ist sie leicht verdaulich, und man kann sich den Bauch damit so richtig schön vollschlagen, da die meisten Suppen wenig Kalorien haben.

Im Zeitalter der Nouvelle cuisine hat die gute alte Suppe eine kapriziöse kleine Schwester bekommen – das Süppchen. Ein Süppchen will niemals eine nahrhafte Mahlzeit sein. Wie eine schwungvolle Ouvertüre sensibilisiert es die Sinne für die noch folgenden Genüsse. Raffinierte Aromen, zum Beispiel von frischem Zitronengras, lassen im Gaumen ein Glücksgefühl der besonderen Art entstehen.

Eine einfache, schmackhafte Suppe zu kochen ist nicht viel schwieriger, als eine Konservendose aufzumachen. Alles, was Sie dazu brauchen, ist ein großer Topf, entsprechende Zutaten und die Geduld, das Gemüse zu putzen und kleinzuschneiden. Wenn Sie einen Pürierstab besitzen, können Sie im Handumdrehen eine köstliche Gemüsecremesuppe zaubern. Dazu eignen sich am besten die Produkte der Saison. Im Frühling bietet sich zum Beispiel Brunnenkresse an, im Herbst schmeckt eine Kürbiscreme mit Ingwer hervorragend und im Winter wärmt eine aromatische Möhrensuppe. Wenn Sie eine Kartoffel mitkochen, macht die darin enthaltene Stärke die Suppe schön sämig. Dadurch sparen Sie die Kalorien für Mehl oder Sahne. Mit frischen Kräutern wie Basilikum, Kerbel oder Koriander läßt sich der Geschmack zum Schluß ganz wunderbar abrunden.

Am besten kochen Sie jeweils gleich einen großen Topf voll Suppe und frieren ein paar Portionen ein. So haben Sie immer ein leckeres Trostpflaster im Gefrierfach, wenn Sie müde, gestreßt und hungrig nach Hause kommen.

Gemüsebrühe mit Tomaten und Paprika
(Für 4 Personen)
Zeitaufwand: etwa 40 Minuten

Zutaten

Für die Suppe
4 EL Langkornreis
Salz
½ grüne Paprikaschote
2 vollreife Tomaten

800 ml Gemüsebrühe
Salz
Frisch gemahlener weißer Pfeffer

Zum Garnieren
Einige Kerbelblättchen

Zubereitung
½ l Wasser in einem Topf zum Kochen bringen. Den Reis dazugeben, salzen und bei mittlerer Hitze in etwa 15 Minuten körnig kochen. Dann durch ein Sieb abgießen.
Inzwischen die Paprikahälfte von den Kernen sowie den weißen Trennwänden befreien und der Länge nach durchschneiden. Die Stücke mit der Hautseite nach oben 2–3 Minuten unter den heißen Grill schieben, anschließend kurz in Eiswasser legen. Paprikastücke herausnehmen, anschließend die Haut abziehen. Das Fruchtfleisch in kleine Rauten schneiden.
In einem Topf etwa ½ l Wasser zum Kochen bringen. Die Tomaten 1–2 Minuten einlegen, dann mit einem Schaumlöffel herausnehmen und kurz in Eiswasser legen. Tomatenhaut abziehen. Den Strunk mit einem spitzen Messer herausschneiden. Tomaten halbieren und die Kerne mit einem kleinen Löffel herauskratzen. Das Tomatenfleisch ebenfalls in Rauten schneiden.
Die Gemüsebrühe erhitzen, mit Salz und Pfeffer würzen.
Danach Gemüsewürfel und Reis in heiße Suppenteller geben, mit der Gemüsebrühe aufgießen. Kerbelblättchen darüber streuen.

Mein Tip

Die Gemüsesorten können Sie je nach Jahreszeit beliebig austauschen. Es schmecken zum Beispiel auch gegarte Blumenkohlröschen mit feingeschnittenen Sellerie- und Petersilienblättern. Oder knackig gegarte Spargelspitzen, blanchierter Staudensellerie und Lauchstreifen. Statt Reis können Sie auch 50 g Grünkern in etwa 1 l Salzwasser 50–60 Minuten garen und anschließend durch ein Sieb abgießen. Oder Sie kochen einen Safranreis: dazu 6–7 Safranfäden mit in das Kochwasser geben. Auch Grießnockerln schmecken in dieser Suppe ausgezeichnet.

Tomatensuppe mit Mozzarella-Ravioli
(Für 4 Personen)
Zeitaufwand: etwa 1½ Stunden
Ruhezeit: Tomatensaft 2 Stunden, Teig etwa 1 Stunde

Zutaten

Für die Suppe
2 kg vollreife Tomaten
Salz
Etwas Estragonessig

Etwas reduzierter Noilly Prat
Frisch gemahlener weißer Pfeffer

Für den Ravioliteig
200 g Mehl
100 g Hartweizengrieß
1 Ei
3 Eigelb

6 EL Milch
1 EL Öl
Salz

Für die Füllung
1½ EL Olivenöl
50 g Basilikumblätter
3 g Pinienkerne
1 geschälte Walnuß

Salz
1 Stück Mozzarella (125 g)
Frisch gemahlener weißer Pfeffer

Außerdem
1 Ei zum Bestreichen
Mehl zum Bestäuben

1 Tomate
Basilikumstreifen

Zubereitung

Die Tomaten waschen, vierteln, vom Strunk befreien und mit Salz im Mixer fein zerkleinern. Ein Passiertuch – oder ein Sieb mit einem nicht zu engmaschigen Tuch ausgelegt – über eine Schüssel hängen. Den Tomatensaft eingießen und in ca. 2 Stunden durch das Tuch laufen lassen. Es ergibt sich etwa 1 l Saft.

Für den Teig das Mehl auf ein Backbrett sieben. Grieß, Ei, Eigelbe, Milch, Öl und Salz dazugeben, alles gut mischen und so lange verkneten, bis der Teig glatt und glänzend ist. Diesen zu einer Kugel formen, mit einem Tuch abdecken und etwa 1 Stunde bei Zimmertemperatur ruhen lassen.

Für die Suppe in einem Topf den Tomatensaft aufkochen. Die Brühe je nach Säure der Tomaten mit Estragonessig sowie Noilly Prat abschmecken, mit Salz und Pfeffer würzen. Suppe zur Seite stellen.

Für die Füllung Olivenöl, Basilikumblätter, Pinienkerne, Walnußkerne und Salz in den Mixer geben, alles sehr fein mixen. Den Pesto anschließend durch ein Sieb drücken. Mozzarella aus der Molke nehmen und in feine Würfel schneiden. Mit Salz und Pfeffer würzen und mit dem Pesto gut vermischen.

Den Ravioliteig zu zwei gleich große Platten (1 mm dünn) ausrollen. Auf eine davon kleine Häufchen von der Mozzarellamischung setzen. Das Ei zum Bestreichen verquirlen und die Zwischenräume der Teigplatte damit bepinseln. Die zweite vorsichtig darüber legen, die Ränder und die Zwischenräume gut andrücken.

Mit einem Ravioliausstecher (4 cm Durchmesser) Ravioli ausstechen, diese mit Mehl bestäuben und auf ein Tuch legen.

In einem großen Topf etwa 2 l Wasser zum Kochen bringen und salzen. Ravioli einlegen und etwa 2 Minuten kochen lassen.

Die Tomate 1–2 Minuten in kochendes Wasser legen, herausnehmen und die Haut abziehen. Den Strunk entfernen, Kerne vorsichtig auslösen und die Tomate in Streifen schneiden.

Gegarte Ravioli durch ein Sieb abgießen.

Die Tomatenbrühe noch einmal erhitzen, dann in Teller oder Tassen geben. Ravioli einlegen und Tomatenstreifen einstreuen. Mit Basilikum garnieren.

Mein Tip

Die Ravioli können Sie auch in einer klaren Gemüsebrühe servieren. Oder Sie bereiten sie als Hauptgericht mit in Butter angeschwitzten Tomatenwürfeln, gewürzt mit frischem Basilikum zu.

Kerbelschaumsuppe
(Für 4 Personen)
Zeitaufwand: 45 Minuten

Zutaten

150 g frischer Kerbel	*100 g kalte Butter*
750 ml Gemüsebrühe	*Salz*
250 g Crème double	*50 g Sahne*

Zubereitung

Die Kerbelblättchen von den Stielen zupfen, es sollten etwa 90 g sein, dann in einem Sieb mit klarem Wasser überspülen und gut abtropfen lassen.

Die Gemüsebrühe in einem Suppentopf zum Kochen bringen. Crème double mit einem Schneebesen einrühren und die Suppe bei schwacher bis mittlerer Hitze 20–30 Minuten leise köcheln lassen. Die kalte Butter in kleine Stücke schneiden und unterschlagen. Dann die Suppe in den Mixer geben, und diese auf höchster Stufe kräftig durchmixen. Schließlich die Suppe wieder in den Topf geben und mit Salz abschmecken.

Den Kerbel mit einem scharfen Messer schneiden. In einer Schüssel die Sahne steif schlagen. Beides unter die Suppe ziehen. Diese dann unter kräftigem Rühren mit dem Schneebesen bis kurz vor den Siedepunkt erhitzen – die Suppe darf nicht mehr kochen! Die Kerbelschaumsuppe in vorgewärmten Suppentassen servieren.

Mein Tip

Frische, feine Kräuter wie Kerbel sollten Sie immer erst zum Schluß an das Gericht geben: Sie behalten dann ihre schöne grüne Farbe und den intensiven Geschmack. Statt Kerbel können Sie auch Basilikum nehmen und die Suppe wie beschrieben zubereiten. Dazu schmecken in Butter gebratene Croûtons.

Kürbiscreme mit Ingwer
(Für 4 Personen)
Zeitaufwand: 30 Minuten

Zutaten

1 Kürbis (Frucht)	*250 ml Sahne*
50 g Butter	*Salz*
1 l Hühnerfond	*Pfeffer*
1 Glas eingelegter Ingwer	

Zubereitung

Den Kürbis schälen, in Würfel schneiden und in der Butter anschwitzen. Danach mit Hühnerfond aufgießen und mit geschlossenem Deckel weich kochen. Mit etwas Ingwerfond abschmecken und noch leicht einreduzieren lassen.

Die Suppe heiß pürieren und nochmals mit Ingwer abschmecken. Anschließend die Sahne dazugeben. Das Ganze nicht mehr aufkochen lassen.

Zum Schluß feingehackten Ingwer mit in die Suppe geben.

Topinamburcreme
(Für 4 Personen)
Zeitaufwand: 35 Minuten

Zutaten

3–4 Topinambur	*250 ml Sahne*
20 g Butter	*Salz*
240 ml Hühnerfond	*Pfeffer*

Zubereitung

Die Topinambur schälen, kleinschneiden und in der Butter leicht anschwitzen. Mit dem Hühnerfond aufgießen und weichkochen. Mit der Sahne auffüllen und heiß pürieren, dann mit Salz und Pfeffer abschmecken. Anschließend die Creme durch ein feines Sieb drücken. Die Suppe in vorgewärmten Tellern oder Tassen servieren.

Mein Tip
Mit Trüffeljus oder Trüffelöl läßt sich diese Creme sehr gut verfeinern.

Grießsuppe mit Sauerampfer
(Für 4 Personen)
Zeitaufwand: 35 Minuten

Zutaten

750 ml Gemüsebrühe	200 g Sahne
20 g Butter	Salz
30 g Hartweizengrieß	Frisch geriebene Muskatnuß
1 Eigelb	30 g Sauerampferblätter ohne Stiel und Mittelrippe

Zubereitung
Die Gemüsebrühe in einem Topf zum Kochen bringen, dann zur Seite stellen.
In einem anderen Topf die Butter aufschäumen. Den Grieß hinzufügen und bei mittlerer Hitze unter ständigem Rühren etwa 1 Minute goldgelb anrösten. Dann mit der heißen Gemüsebrühe aufgießen und das Ganze etwa 5 Minuten bei schwacher Hitze köcheln lassen.
Das Eigelb mit der Sahne in einer Schüssel gut verrühren. Diese Mischung mit dem Schneebesen unter die fertiggegarte Suppe rühren. Suppe mit Salz und Muskat abschmecken. Sie darf nicht mehr kochen, sonst gerinnt das Eigelb!
Die Sauerampferblätter in feine Streifen schneiden.
Vor dem Anrichten die Suppe kräftig durchrühren, einmal aufkochen lassen und die Sauerampferstreifen hinzufügen. Danach die Suppe nicht mehr kochen lassen.
Schließlich die Suppe in vorgewärmte Teller oder Tassen verteilen.

Mein Tip
Aus 150 g Sauerampfer können Sie eine feine Schaumsuppe zubereiten. Sie wird gegart wie im Rezept für *Kerbelschaumsuppe* angegeben (s. S. 33). Vor dem Servieren können Sie dann noch in Butter geröstete Weißbrotwürfel darüberstreuen.

Kartoffelsuppe mit Gänseblümchen

(Für 4 Personen)
Zeitaufwand: 35 Minuten

Zutaten

300 g mehlige Kartoffeln	*Salz*
100 g Butter	*Frisch gemahlener weißer Pfeffer*
200 ml Sahne	*200 ml kräftige Consommé*
Muskatnuß	*Einige Gänseblümchenblüten*

Zubereitung

Die Kartoffeln schälen, achteln und in gut gesalzenem Wasser garen. Anschließend die Kartoffeln durch die Kartoffelpresse drücken, noch heiß auf dem Herd mit der zerlassenen Butter und der Sahne glattrühren. Dann das Ganze mit Muskatnuß, Salz und Pfeffer abschmecken.
Anschließend die Consommé darunterrühren und einmal aufkochen lassen.
Die Kartoffelsuppe in Suppentassen füllen und die Gänseblümchenblüten darüberstreuen.

Fasanen-Consommé mit Grießnockerln

(Für 4 Personen)
Zeitaufwand: 45 Minuten

Zutaten

Für die Consommé

1 EL Distelöl	*1 Lorbeerblatt*
Karkassen von 2 Fasanen	*5 Pfefferkörner*
½ Zwiebel, gehackt	*2 Eiweiß*
1 Stück Lauch, geschnitten	*1 l Geflügelfond, weiß*
1 Karotte, gewürfelt	*Salz*
5 Wacholderbeeren	*Pfeffer*

Für die Grießnockerln
60 g Butter	*Salz*
1 Ei	*Pfeffer aus der Mühle*
75 g Nockerlgrieß	*Muskat*

1 mittelgroße Karotte	*1 Stück Staudensellerie*
1 Stück Lauch	*Salz*

Zubereitung

Für die Consommé in einem hohen Topf das Öl erhitzen. Die zerhackten Fasanenknochen mit dem Gemüse hineingeben und leicht anbraten. Gewürze zugeben, gut durchmischen und auf ein Sieb schütten, damit das überschüssige Fett abtropfen kann. In den Topf zurückgeben und auf Eis stellen.

Das Eiweiß mit dem kalten Geflügelfond gut verrühren, die erkaltete Knochen-Gemüse-Mischung damit aufgießen und unter gelegentlichem Rühren 30 Minuten sanft kochen. Durch ein Tuch abseihen, mit Salz, Pfeffer und – nach Geschmack – mit etwas fein zerriebenem Wacholder würzen.

Für die Grießnockerln die Butter mit dem Ei schaumig rühren, Grieß und Gewürze zugeben, gut mischen und für etwa ½ Stunde unter mehrmaligem Durchschlagen mit dem Schneebesen stehenlassen. Während dieser Zeit quillt der Grieß. Anschließend mit dem Löffel kleine Nockerln abstechen und in leicht gesalzenem Wasser ca. 10 Minuten ziehen lassen.

Die Gemüse werden geputzt, in sehr feine Würfelchen geschnitten und in leichtem Salzwasser knackig gegart. Das ist nur eine Sache von ein paar Augenblicken – dann abgießen und abtropfen lassen.

Grießnockerln in heiße Tassen geben, Gemüse darüber verteilen und mit der Consommé aufgießen.

Frisch und fröhlich: anregende Vorspeisen, Salate und Entrées

Es gibt Leute, die bestellen im Restaurant statt einem Hauptgericht lieber drei Vorspeisen. Das ist eine Idee, auf die nur ein richtiger Feinschmecker kommen kann. Denn Vorspeisen sind in der Regel besonders raffiniert und lecker zubereitet. Sie kitzeln den Gaumen mit einer ganzen Palette von Aromen und machen Appetit auf mehr.

Für Vorspeisen verwendet man häufig Zutaten, die sich für den Hauptgang nicht eignen. Zum Beispiel Delikatessen wie Meeresfrüchte oder Artischocken, die als Hauptgericht zu unergiebig sind, oder besonders erlesene Produkte mit einem feinen Aroma, das keine Konkurrenz neben sich duldet. Schließlich gibt es noch die sehr gehaltvollen Köstlichkeiten wie beispielsweise Gänseleberparfait. Mehr als eine kleine Portion davon ist meistens nicht sehr bekömmlich.

Der knackige Blattsalat wie wir ihn heute kennen, ist erst durch die Schlankheits- und Gesundheitswelle als Vorspeise oder sogar als Hauptgericht in Mode gekommen. In der »Residenz« kombinieren wir Blattsalate gerne mit exquisiten Zutaten wie Wachteleiern oder Garnelen und natürlich mit einem raffinierten Dressing, um das kulinarische Vergnügen zu steigern.

Strenggenommen sind Vorspeise und Entrée nicht dasselbe. Das Horsd'œuvre wird vor der Suppe gereicht, das Entrée ist ein warmer oder kalter Zwischengang. Die folgenden Gerichte lassen sich als Vorspeise, als Zwischengang in einem großen Menü oder als kleine Leckereien für zwischendurch verwenden. Außerdem eignen sie sich ausgesprochen gut als kulinarische Trostpflaster für die Seele. Wenn Sie also einen besonders schwarzen Tag hinter sich haben, verziehen Sie sich einfach mit einem der Rezepte in die Küche, und machen Sie die Tür zu. Etwas derart Köstliches wie die *Lauch-Trüffel-Terrine auf Linsensprossen* zuzubereiten ist so lustvoll und sinnlich, daß Sie Ihren Kummer dabei glatt vergessen werden. Und wenn Sie die Terrine dann später mit einem Gläschen Champagner genießen, sieht die Welt garantiert wieder freundlicher aus.

Salat von Cherrytomaten und Kapuzinerkresse

(Für 4 Personen)
Zeitaufwand: 25 Minuten

Zutaten

Für die Sauce
2 Eigelb	*Salz*
1 TL Senf	*Frisch gemahlener Pfeffer*
150 ml Sherryessig	*2 Zweige Rosmarin*
600 ml Mazolaöl	*1 Zweig Basilikum*
400 ml süße Sahne	*1 Knoblauchzehe*

600 g Cherrytomaten
1 Handvoll gezupfte Blätter Kapuzinerkresse
Einige Kapuzinerkresseblüten

Zubereitung

In einer hohen Schüssel Eigelbe und Senf mit dem Handrührgerät vermengen, langsam den Sherryessig dazugeben und das Öl wie bei einer Mayonnaise vorsichtig einrühren. Dann die Sahne unterrühren und mit Salz sowie Pfeffer abschmecken. Rosmarin- und Basilikumblätter von den Stielen zupfen, den Knoblauch schälen und alles in die Sauce geben. Etwa 30 Minuten ziehen lassen. Danach die Kräuter und den Knoblauch wieder herausnehmen.

Den Strunk der Tomaten herausschneiden, diese auf Tellern mit der Kapuzinerkresse anrichten, mit Salatsauce beträufeln und mit den Kresseblüten garnieren.

Gefüllte Zucchiniblüten auf Trüffelcreme

(Für 4 Personen)
Zeitaufwand: 45 Minuten

Zutaten

Für den Bierteig
250 g Mehl   50 g zerlassene Butter
3 Eigelb   3 Eiweiß
250 ml Bier   Salz

4 kleine Zucchini mit Blüten   Frisch gemahlener weißer Pfeffer
2 EL Butter   1 Eigelb
Salz   1 TL Crème double

Für die Sauce
20 g schwarze Trüffel (aus der Dose)   125 ml Crème double
10 EL Madeira   50 g kalte Butter
300 ml Geflügelfond   Salz
5 EL Trüffelsaft

Zum Fritieren
1 kg Butterschmalz oder 1 l Öl

Zubereitung

Für den Bierteig das Mehl mit Eigelben, Bier und Butter glattrühren. Bei Zimmertemperatur ca. 30 Minuten ruhen lassen. Dann das Eiweiß mit einer Prise Salz steif schlagen, nach und nach unter den Bierteig heben.

Die zarten Blüten vorsichtig von den Zucchini abschneiden und beiseite legen. Zucchinis gründlich säubern, die Enden kappen und das Gemüse fein würfeln. In heißer Butter andünsten, salzen, pfeffern, dann beiseite stellen.

Für die Sauce die Trüffel fein würfeln und beiseite stellen. Nach Belieben eine Prise gehackte Trüffel zu den gedünsteten Zucchiniwürfeln geben. Madeira, Geflügelfond und Trüffelsaft in einen Topf füllen; etwa zur Hälfte einkochen lassen.

Inzwischen das Butterschmalz oder das Öl auf etwa 180 Grad erhitzen.

Zucchiniwürfel mit Eigelb, Crème double und 1 EL Bierteig vermischen. Diese Masse in einen Spritzbeutel mit mittlerer Lochtülle geben und beiseite legen.

Von den Zucchiniblüten vorsichtig die dunklen Stellen entfernen. Dann die Blüten behutsam öffnen, leicht salzen, pfeffern und die Zucchinimasse hineinspritzen. Füllung gut andrücken und die Blütenöffnung verschließen. Die gefüllten Zucchiniblüten in den nochmals durchgerührten Bierteig tauchen, abtropfen lassen und in das heiße Fett geben. Goldbraun darin ausbacken, herausheben, abtropfen lassen und auf Küchenpapier legen.

Die Crème double unter die eingekochte Sauce rühren, kurz durchkochen und die kalte Butter flöckchenweise unterschlagen. Mit Salz abschmecken, nach Belieben kurz durchmixen und die gehackten Trüffel zugeben. Auf Teller verteilen und die fritierten Zucchiniblüten darauf anrichten.

Mein Tip
Als Vorspeise eine Blüte pro Person servieren.

Pfifferlingstatar mit Artischocken und Spargel
(Für 4 Personen)
Zeitaufwand: etwa 1½ Stunden

Zutaten

2 Artischocken	Saft von ½ Zitrone
500 ml Gemüsebrühe	Salz
1 EL Olivenöl	Frisch gemahlener weißer Pfeffer
1 TL Estragonessig	
6 Stangen weißer Spargel	1 Prise Zucker
2 EL Zitronensaft	1 Scheibe Weißbrot
450 g Pfifferlinge	Frisch gemahlener weißer Pfeffer
Salz	1 TL Himbeeressig
50 g Roquettesalat (Rucola)	

Für die Marinade
1 EL Rotweinessig	Frisch gemahlener weißer Pfeffer
1 EL Aceto balsamico	2 TL Olivenöl
Salz	

Zubereitung

Von den Artischocken die Stiele entfernen und die Blätter abschneiden. In einem Topf die Gemüsebrühe mit Olivenöl, Estragonessig und Zitronensaft zum Kochen bringen, mit Salz und Pfeffer würzen. Von den Artischockenböden mit einem Löffel das Heu (innere Haare) ausstechen. Die Böden sofort in die kochende Brühe geben, damit sie sich nicht verfärben. Dann in 10–15 Minuten bei starker Hitze garen. Die Artischockenböden aus der Brühe nehmen und zum Abkühlen beiseite stellen. Anschließend in feine Scheiben schneiden.

Den Spargel so sorgfältig schälen, daß keine Fäden daran bleiben. Dann die Enden abschneiden. Etwa ½ l Wasser mit Zitronensaft, Zucker und Weißbrot zum Kochen bringen. Den Spargel in das kochende Wasser geben und je nach Stärke der Stangen in 8–10 Minuten bißfest kochen. Dann mit einem Schaumlöffel herausheben, auf ein Tuch legen und gut abtropfen lassen. Stangen in etwa 4 cm lange Stücke schneiden.

Die Pfifferlinge mit einem trockenen Tuch abreiben, bis sie sauber sind, dann in kleine Würfel schneiden. Eine Sauteuse erhitzen, die Pilze mit Salz, Pfeffer und Himbeeressig hineingeben. Bei starker Hitze etwa 2 Minuten sautieren. Durch die starke Hitze erreichen Sie, daß die Pfifferlinge keinen Saft ziehen. Sauteuse von der Kochstelle nehmen und abkühlen lassen.

Den Roquettesalat putzen, waschen und trockenschleudern.

In einer Glasschüssel die beiden Essigsorten mit Salz und Pfeffer glattrühren, dann das restliche Olivenöl unterschlagen.

Das Pfifferlingstatar in die Mitte der Teller setzen. Salat mit der Marinade mischen und rund um das Tatar anordnen. Spargelstücke und Artischockenscheiben auf den Salat legen.

Mein Tip

Wenn Sie keine Artischocken bekommen, nehmen Sie statt dessen eine Avocado. Diese halbieren, vom Kern befreien, schälen und das Fruchtfleisch in kleine Würfel schneiden.

Lauch-Trüffel-Terrine auf Linsensprossen

(Für 4–6 Personen)
Zeitaufwand: etwa 1½ Stunden
Kühlzeit: 2 Stunden

Zutaten

1,5 kg Lauch
7 Blatt Gelatine
1½ l Gemüsebrühe
3 EL Trüffeljus

1 EL Aceto balsamico
Salz
Frisch gemahlener weißer Pfeffer
50 g schwarze Perigord-Trüffel

Für die Vinaigrette

1 Msp. Senf
1½ EL alter Aceto balsamico
2½ EL neuer Aceto balsamico
2 EL Gemüsebrühe
1½ EL reduzierter Portwein
1½ EL reduzierter Madeira
Salz

Frisch gemahlener weißer Pfeffer
5 EL Olivenöl
5 EL Sonnenblumenöl
30 g Butter
100 ml Gemüsebrühe
200 g Linsensprossen

Für die Garnitur
1 mittelgroße Möhre, in feine Streifen geschnitten

Außerdem
1 Terrinenform von 15 cm Länge, 6 cm Breite, 7 cm Höhe

Zubereitung

Vom Lauch die dunkelgrünen Teile abschneiden, 200 g davon waschen und in grobe Ringe schneiden. Die Gelatine in Wasser einweichen. In einem Topf ½ l Gemüsebrühe zum Kochen bringen. Die Lauchringe darin in 2–3 Minuten bei starker Hitze weich kochen, dann mit der Brühe pürieren und durch ein Sieb in eine Cromarganschüssel passieren. Die ausgedrückte Gelatine in dem Lauchfond auflösen. Mit Trüffeljus, Aceto balsamico, Salz und Pfeffer würzen. Das Gelee auf Eis kaltrühren, aber nicht fest werden lassen.

In einem Topf 1 l Gemüsebrühe aufkochen und die hellen Lauchstücke im Ganzen darin bei mittlerer Hitze in etwa 5 Minuten bißfest kochen. Lauchstangen aus der Brühe heben und kurz in Eiswasser legen. Das Wasser abgießen und den Lauch auf

Küchenkrepp abtropfen lassen. Diesen anschließend für etwa 10 Minuten in den Kühlschrank stellen.

Die schwarze Trüffel unter fließendem Wasser abbürsten, dann trockentupfen und in dünne Scheiben (etwa 1½ mm) schneiden.

Mit dem noch flüssigen Gelee den Boden der Terrinenform etwa 3 mm dick ausgießen und ca. 5 Minuten in den Kühlschrank stellen.

Ein Drittel der Lauchstangen und Trüffelscheiben jeweils in wenig flüssiges Gelee tauchen und abwechselnd in die Form schichten. Dabei rundherum einen etwa 3 mm großen Freiraum lassen. Wenn das erste Drittel eingefüllt ist, diesen mit Gelee ausgießen. Die Terrine wieder etwa für 5 Minuten in den Kühlschrank geben. Dann das zweite und anschließend das letzte Drittel der Lauchstangen und Trüffelscheiben wie beschrieben in die Form schichten. Zum Schluß eine dünne Geleeschicht aufstreichen. Die Terrine für etwa 2 Stunden in den Kühlschrank stellen.

Für die Vinaigrette Senf, beide Essigsorten, 2 EL Gemüsebrühe, Portwein sowie Madeira mit Salz und Pfeffer gut verrühren. Das Öl unterschlagen. In einer Sauteuse die Butter aufschäumen. 100 ml Brühe und die Sprossen dazugeben. Diese in etwa 3 Minuten bei mittlerer Hitze bißfest garen. Die Sprossen in einem Sieb kalt überspülen und abtropfen lassen, danach unter die Vinaigrette mischen.

Die Terrinenform kurz in heißes Wasser tauchen. Den Inhalt stürzen und mit dem Elektromesser in etwa 1 cm dicke Scheiben schneiden. Etwas Vinaigrette auf Teller verteilen. Die Terrinenscheiben darauf legen, mit Möhrenstreifen garnieren.

Mein Tip

Es ist ganz einfach, Linsensprossen selbst herzustellen. Die Linsen in ein Weckglas geben, mit kaltem Wasser bedecken und etwa 12 Stunden quellen lassen. Das Glas mit einem Leinentuch und einem Gummiring verschließen. Mit der Öffnung nach unten auf ein Gitter stellen. Die Linsen zwei- bis dreimal am Tag wässern. Nach 3 Tagen sind die Sprossen fertig.

Komposition von Fenchel- und Tomatenmousse mit Broccoli

(Für 4–6 Personen)
Zeitaufwand: $1^{1}/_{4}$ Stunden
Kühlzeit: etwa 1 Stunde

Zutaten
400 g Broccoli

250 g Fenchel
25 g Butter
200 ml Gemüsebrühe
100 g Sahne

250 g Tomaten
25 g Butter
1 EL Noilly Prat
Salz

Für die Vinaigrette
1 Schalotte
4 EL Wasser
1 EL Rotweinessig
1 EL Estragonessig
Salz

Außerdem
1 Terrinenform von 15 cm Länge, 6 cm Breite, 7 cm Höhe
Alufolie

300 ml Gemüsebrühe

2½ Blatt Gelatine
Salz
Weißer Pfeffer
2 EL geschlagene Sahne

Frisch gemahlener weißer Pfeffer
1 Prise Zucker
2½ Blatt Gelatine
2 EL geschlagene Sahne

Frisch gemahlener weißer Pfeffer
4 EL Olivenöl
Je 1 TL Petersilie, Kerbel, Basilikum und
Schnittlauch, feingeschnitten

Zubereitung

Die Terrinenform mit Alufolie auslegen und zum Kühlen auf Eis oder in den Kühlschrank stellen.

Broccoliröschen vom Strunk schneiden und in der Gemüsebrühe in etwa 5 Minuten bei starker Hitze weich kochen (nicht zudecken, sonst wird das Gemüse grau). Anschließend abgießen und gut ausdrücken. Die Stiele schälen und ebenfalls in der Gemüsebrühe weich kochen, dann abgießen und in Würfel schneiden. Den Broccoli nun fest aneinandergepreßt auf den Boden der Terrinenform legen. Diese in den Kühlschrank stellen.

Den Fenchel putzen, Fenchelgrün für die Garnitur zur Seite legen. Die Knollen halbieren. Dann den Strunk keilförmig herausschneiden, das Gemüse in Stücke schneiden und in einem Sieb waschen. In einem Topf die Butter erwärmen, die Hälfte des Fenchels darin etwa 1 Minute dämpfen. Gemüsebrühe und Sahne dazugeben und den Fenchel bei schwacher Hitze in 10–12 Minuten weich kochen. Inzwischen die Gelatine in kaltem Wasser einweichen. Fenchel mit dem Sud im Mixer zerkleinern, durch ein Sieb streichen. Mit Salz sowie Pfeffer würzen und die ausgedrückte Gelatine darin auflösen. Anschließend die geschlagene Sahne unterheben.

Für die Einlage den verbliebenen Fenchel in feine Würfel schneiden.

Die restliche Gemüsebrühe aufkochen, die Fenchelwürfel darin bißfest kochen. Dann durch ein Sieb schütten und ausdrücken. Das geht am besten, wenn Sie das gegarte Gemüse auf ein Küchentuch legen und mit einem zweiten die Flüssigkeit herausdrücken. Die Würfel unter die Fenchelmousse mischen. Diese Masse auf den gut gekühlten Broccoli streichen und zum Erstarren in den Kühlschrank stellen.

Für die Tomatenmousse die Tomaten vierteln, entkernen und in einem Topf mit der Butter etwa 5 Minuten verkochen. Dann mit Noilly Prat, Salz, Pfeffer und Zucker abschmecken, anschließend durch ein Sieb streichen. Die Gelatine einweichen. Tomatenpüree im Mixer aufschlagen, darin die gut ausgedrückte Gelatine unter Rühren auflösen. Das Püree abkühlen lassen, dann die geschlagene Sahne unterheben. Die Tomatenmousse über die erstarrte Fenchelmousse streichen. Zum endgültigen Festwerden die Terrine noch etwa 1 Stunde in den Kühlschrank stellen.

Kurz vor dem Servieren für die Kräuter-Vinaigrette die Schalotte in feine Würfel schneiden. In einer Glasschüssel das Wasser mit den beiden Essigsorten gut verrühren. Mit Salz und Pfeffer abschmecken. Das Öl unterschlagen. Die feingeschnittenen Kräuter und die Schalottenwürfel untermischen.

Die Terrinenform kurz in heißes Wasser tauchen. Dann den Inhalt stürzen und mit dem Elektromesser in etwa 1½ cm dicke Scheiben schneiden. Zum Schluß die Kräuter-

Vinaigrette auf Teller verteilen, die Terrinenscheiben auflegen und das Ganze mit Fenchelgrün ausgarnieren.

Mein Tip
Zu dieser Terrine paßt Feldsalat gut.

Garnelen auf Salat mit Zitronendressing
(Für 4 Personen)
Zeitaufwand: 45 Minuten

Zutaten

1 l Wasser	*½ TL Kümmel*
Salz	*300 g Garnelen*

Für das Zitronendressing

8 EL sehr kaltes Olivenöl	*Salz*
4 EL Keimöl	*Pfeffer*
Saft von 2 Zitronen	

Für den Salat

10 Kopfsalatblätter vom Herzen	*2 Avocados*

Zubereitung
Das Wasser mit Salz und Kümmel aufkochen, die Garnelen darin 2–3 Minuten garen, dann die Schalen ablösen.
Oliven- und Keimöl mit Zitronensaft, Salz und Pfeffer im Mixer bis zur Bindung mixen.
Die Kopfsalatblätter in feine Streifen schneiden, und das ausgelöste Avocadofleisch würfeln. Beides mit reichlich Zitronendressing vermischen.
Den angemachten Salat auf Tellern anrichten und die Garnelen darauf verteilen.

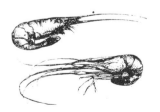

Gebeizter Lachs auf Kartoffelrösti
(Für 4–6 Personen)
Zeitaufwand: 30 Minuten
Ziehdauer: 24–36 Stunden

Zutaten
100 g Salz
100 g Pökelsalz
100 g Zucker
1 TL gestoßener weißer Pfeffer
1 TL Zitronenschale, gehackt

250 g Dill, gehackt
1 TL Koriander
1 TL Wacholderbeeren
1 Seite frischer Lachs (ca. 800–1000 g)

Für die Kartoffelrösti
2 große Kartoffeln
Salz

Frisch gemahlener Pfeffer
2 EL Olivenöl

Zubereitung
Salz, Pökelsalz, Zucker, Pfeffer und Zitronenschale gut vermischen. Den gehackten Dill, Koriander und die zerdrückten Wacholderbeeren unterheben. Diese Mischung über den Lachs streuen, mit Folie abdecken und im Kühlschrank 24–36 Stunden ziehen lassen. Diese Zeitspanne ergibt sich daraus, daß nicht jeder Lachs die Gewürze gleichmäßig aufnimmt. Deshalb sollten Sie den Lachs nach 24 Stunden probieren, um herauszufinden, ob er genügend gebeizt ist. Dann aus der Marinade nehmen und mit Wasser gut abspülen. Ist der Lachs fertiggebeizt, legen Sie ihn für 1 Stunde in Milch, dadurch wird er weich. Das Salz hat ihm während des Beizens Flüssigkeit entzogen.
Rohe Kartoffeln schälen, in streichholzförmige Streifen schneiden, abtrocknen, mit Salz und Pfeffer würzen. In einer kleinen Pfanne das Öl erhitzen, die Kartoffeln einschichten und goldgelb braten.
Die Kartoffelrösti auf Teller verteilen und den in feine Tranchen geschnittenen Lachs darauf anrichten.

Mein Tip
Wird der Lachs nicht gleich verwendet, bewahren Sie das abgetrocknete Stück in Olivenöl auf. Das macht ihn besonders geschmeidig, und die Haltbarkeit erhöht sich auf bis zu 5 Tage.

Blattsalat mit pochierten Wachteleiern und Dillsauce
(Für 4 Personen)
Zeitaufwand: etwa 50 Minuten

Zutaten

Für die Sauce
100 g Crème fraîche
50 g Crème double
2 EL Sahne
Salz

Frisch gemahlener weißer Pfeffer
Saft von ½ Zitrone
1 kleines Bd. Dill

50 g Roquettesalat (Rucola)
50 g Friséesalat

1 kleiner Kopf Lollo rosso

Für die Marinade
1 EL Aceto balsamico
1 EL Sherryessig
Salz

Pfeffer
3 EL Olivenöl

1 TL Essig

12 Wachteleier

Für die Garnitur
Etwas Kerbel

4 Cherrytomaten

Zubereitung
Die Crème fraîche mit der Crème double und der Sahne in einer Glasschüssel cremig rühren, mit Salz und Pfeffer würzen. Zitronensaft nach Geschmack dazugeben. Den Dill von den Stielen zupfen, waschen, gut ausdrücken und fein schneiden, dann unter die Sauce mischen.
Von allen Salatsorten die Blätter abzupfen, in Stücke von etwa 3 cm Länge schneiden, gründlich waschen und in einer Salatschleuder trockenschleudern.
Aceto balsamico und Sherryessig mit Salz und Pfeffer in einer Schüssel gut verrühren, das Olivenöl unterschlagen. In einem Topf etwa 1 l Wasser aufkochen. Essig hinzufügen und die Temperatur reduzieren. Die Eier in einer Tasse einzeln aufschlagen, dann nach und nach vorsichtig in das nicht mehr kochende Wasser gleiten lassen. Mit Hilfe eines Kochlöffels in Form halten. Die Wachteleier in etwa 2 Minuten gar ziehen lassen, mit

einem Schaumlöffel aus dem Topf nehmen, auf Küchenkrepp legen und mit einer Schere in Form schneiden.

Die Salatstücke in die Marinade geben und vorsichtig unterziehen, anschließend auf Tellern anrichten. Pro Person 3 Wachteleier darauf setzen und mit Dillsauce überziehen. Die Portionen mit einigen Kerbelblättern und je 1 Cherrytomate garnieren.

Mein Tip

Die pochierten Eier mit Dillsauce sind ein Grundrezept. Sie können sie auch mit anderen Zutaten kombinieren. Statt der Blattsalate schmecken zum Beispiel Kartoffelküchlein gut. Für den Teig brauchen Sie 500 g gekochte und zerdrückte Kartoffeln, 1 Ei, Salz, Pfeffer und Muskat. Aus der Masse kleine Küchlein formen und in heißem Öl von beiden Seiten goldbraun braten.

Genuß pur: raffiniert belegte Sandwiches

Sie haben einen anstrengenden Tag hinter sich und freuen sich auf einen gemütlichen Fernsehabend: Schuhe ausziehen, Füße hochlegen, eine Kleinigkeit essen und ein Gläschen Wein dazu. Natürlich können Sie sich einfach ein Käsebrot schmieren oder eines der ewig gleichen Tiefkühlgerichte in die Mikrowelle schieben. Oder sich zur Abwechslung mal ein leckeres Sandwich zubereiten.

Angeblich soll der 4. Earl of Sandwich das Rezept der raffiniert belegten Brote erfunden haben. Er lebte im 18. Jahrhundert und war ein fanatischer Kartenspieler. Damit er den Spieltisch zum Essen nicht verlassen mußte, ließ er sich jeweils eine kleine Mahlzeit zwischen zwei Brotscheiben servieren.

Anregungen und Ideen für himmlische Sandwiches bieten praktisch alle Küchen der westlichen Welt. So schätzt man in England dünne, entrindete Weißbrotscheiben, die zum Beispiel mit Petersilienbutter bestrichen und dann mit Gurkenscheiben belegt werden. Die Amerikaner haben das gigantische Club-Sandwich erfunden: Auf einen gebutterten Toast werden reichlich Salatblätter, gebratener Frühstücksspeck und Hühnerbrust geschichtet. Das Ganze überzieht man mit einer ordentlichen Portion Mayonnaise oder einer cremigen Sauce und krönt es mit einer zweiten Toastscheibe. In Frankreich wird ein knuspriges Baguette aufgeschnitten und mit Käse, Schinken oder Pastete gefüllt. Das dänische Smörrebröd ist das Brot der unbegrenzten Möglichkeiten. Besonders lecker schmecken dünne Roggenbrotscheiben, mit geräuchertem Fisch und weiteren Zutaten belegt. Die Schweizer kultivieren mit dem Kanapee eine besonders elegante Brotvariante: Dünne Weißbrotscheiben werden mit Köstlichkeiten wie Räucherlachs, Thunfischsalat oder Spargel und Eiern dekoriert, mit Mayonnaise garniert und anschließend mit einem Hauch von Aspik überzogen.

Garnelen mit Cocktailsauce auf geröstetem Toast
(Für 4 Personen)
Zeitaufwand: 35 Minuten

Zutaten

Für die Cocktailsauce
8 Eigelb	*1 Spritzer Worchester*
1 l Öl	*Saft von 1 Zitrone*
300 ml Ketchup (Heinz Ketchup)	*Salz*
50 ml Weinbrand	*Pfeffer*
1 EL Meerrettich	

8 Garnelen	*2 Scheiben Toast*

Für die Garnitur
Etwas Salat

Zubereitung
Eigelbe mit Öl zu einer Mayonnaise aufschlagen und alle Zutaten dazugeben, bis Sie eine kräftige, leicht süße Cocktailsauce erhalten.
Die Garnelen der Länge nach halbieren und in sehr heißem Pflanzenöl scharf anbraten. Danach den Toast rösten und mit etwas Salat garnieren. Darauf die Garnelen plazieren und mit Cocktailsauce nappieren – den Rest der Cocktailsauce à part geben.

Toast mit Hummermedaillons auf Avocadowürfel
(Für 4 Personen)
Zeitaufwand: 35 Minuten

Zutaten
2 Avocados	*Salz*
1 EL Estragonessig	*Pfeffer*
2 Hummer (à 600 g)	*2 Scheiben Toast*
Salz	

Zubereitung

Die Avocados schälen, in gleichmäßige Würfel schneiden und mit Estragonessig, Salz und Pfeffer verfeinern.

In einem hohen Topf reichlich Wasser zum Kochen bringen. Die Hummer einlegen und ca. 6–8 Minuten kochen. Danach noch etwa 6 Minuten am Herdrand ziehen lassen. Geben Sie nun 1 l kaltes Wasser zu, und lassen Sie die Hummer noch weitere 15 Minuten im lauwarmen Sud ruhen. In dieser Zeit entspannt sich das Muskelfleisch und wird folglich zarter. Die Schwänze und Scheren ausbrechen und die Därme entfernen. Toastscheiben rösten und mit den angemachten Avocadowürfeln belegen. Den Hummer als kleine Medaillons darauf anrichten.

Mein Tip

Damit die Avocados nicht zu schnell grau werden, kann man ein wenig Spinatsaft als Farbersatz dazugeben.

Lachstatar auf Croûtons
(Für 4 Personen)
Zeitaufwand: 25 Minuten

Zutaten
400 g frischer, roher Lachs, enthäutet und entgrätet

Für die Marinade
Salz	*Saft von ½ Zitrone*
Frisch gemahlener Pfeffer	*1 EL Olivenöl*
8 Scheiben Weißbrot	*1 EL Basilikum*

Zubereitung

Vom Lachs alle dunklen Stellen wegschneiden. Den Lachs ganz klein würfeln. Marinade aus Salz, Pfeffer, Zitronensaft und Olivenöl herstellen, ein bißchen erwärmen und unter die Lachswürfel heben. Wichtig: Der Lachs muß ganz frisch sein!

Das Brot toasten und mit reichlich Lachstatar bestreichen. Das Basilikum hacken und darüberstreuen.

Rindertatar auf Walnußbrot
(Für 4 Personen)
Zeitaufwand: 30 Minuten

Zutaten
300 g Rinderfilet

Für die Marinade
Salz	*2 EL Öl*
Frisch gemahlener Pfeffer	*1 Msp. Cayennepfeffer*
Paprika	*2 EL Gewürzgurkensaft*
Scharfer Senf	
4 Scheiben Walnußbrot	*Etwas Schnittlauch*

Zubereitung

Rindfleisch in ganz feine Würfel schneiden oder hacken.

Marinade aus den angegebenen Zutaten herstellen und mit dem Tatar vermengen. Das fertige Tatar in kleine, ca. 2 cm dicke Portionen aufteilen.

Walnußbrot mit Ausstecher (6–7 cm) ausstechen. Den Rand in kleingeschnittenem Schnittlauch wälzen.

Tatarportionen auf die ausgestochenen Walnußbrotscheiben setzen.

Hauptgerichte

Italienisches Flair: Pastafreuden

Ein Teller Spaghetti, dazu ein gutes Glas Chianti oder Barbera – beim Italiener, mit Freunden oder alleine zu Hause vor dem Fernseher. Spaghetti zu essen bedeutet viel mehr, als sich eine simple Portion Nudeln einzuverleiben. Denken wir dabei nicht automatisch an Sonne, Süden, Urlaub und Ausspannen? An mediterranes Lebensgefühl und die weite Landschaft der Toskana?

Italienische Nudelgerichte sind in Deutschland erst während der sechziger Jahren bekanntgeworden. Zuerst als Pasta Asciutta und Dosenravioli. Wer damals jung war, fand es ausgesprochen cool, mitten in der Nacht für Freunde Spaghetti zu kochen. Bei der Zubereitungsart konnte man zwischen »Napoli« und »Bolognese« wählen. Zwanzig Jahre später war es dann eher angesagt, bei einem Edelitaliener hausgemachte Pasta mit Meeresfrüchten zu essen.

Warum mögen die meisten Menschen in unserem Kulturkreis Nudelgerichte ganz besonders gerne? Vielleicht lieben sie die Pasta, weil die Kombination der Nährstoffe den Körper dazu anregt, das Glückshormon Serotonin zu produzieren. Oder mögen wir einfach das lustvolle Gefühl im Mund, wenn warme, weiche Pasta mit einer cremigen Sauce den Gaumen umschmeichelt? Und dann ist da noch der herrliche Geschmack, der sich aus der Verbindung verschiedener Aromen ergibt – zum Beispiel bei der Kombination von *Spaghetti mit geschmolzenen Tomaten, Kräutern und Ziegenkäse.*

Pasta zu essen ist ein Genuß – selbstgemachte Nudeln sind ein Hochgenuß. Natürlich können Sie die folgenden Rezepte auch mit industriell hergestellten Nudeln oder gekauftem Fertigteig zubereiten. Wir möchten Sie aber dazu verführen, einmal Ihre eige-

ne Pasta zu machen. Dazu müssen Sie sich nicht gleich eine Nudelmaschine anschaffen. Probieren Sie zunächst aus, ob Sie Spaß daran haben, Teig zu kneten, auszurollen und in Form zu schneiden. Wenn Sie dann Ihre ersten selbstgemachten Ravioli vorsichtig aus dem Topf fischen, werden Sie in Sachen Pasta wahrscheinlich nicht mehr so schnell fremdgehen.

Für die Zubereitung der Nudeln sollte man etwa 1 Stunde Zeit einplanen. Wer ein bißchen Übung hat, kann gleich die doppelte Menge Teig herstellen und eine Hälfte der Nudeln auf einem Tuch ausbreiten oder über einen Besenstil legen, um sie für einen späteren Zeitpunkt zu trocknen.

Lauwarmer Nudelsalat mit roh marinierten Steinpilzen

(Für 4 Personen)
Zeitaufwand: etwa 1 ¾ Stunden
Ruhezeit: etwa 1 Stunde

Zutaten

Für den Nudelteig
200 g Mehl   *3 EL Milch*
100 g Hartweizengrieß   *3 EL Wasser*
1 Ei   *2 EL Öl*
3 Eigelb   *Salz*

Für das Dressing
Saft von ½ Zitrone
3 EL Wasser   *Frisch gemahlener weißer Pfeffer*
Salz   *8 EL Olivenöl*

180 g Steinpilze

Für die Marinade
1 Spritzer Rotweinessig
Salz   *Frisch gemahlener weißer Pfeffer*
    5 EL Olivenöl

Für die Garnitur
1 Handvoll Feldsalat   *10 Basilikumblätter, feingeschnitten*

Zubereitung

Für den Teig das Mehl auf ein Backbrett sieben. Grieß, Ei, Eigelbe sowie Milch, Wasser, Öl und Salz untermischen und alles so lange verkneten, bis der Teig glatt und glänzend ist. Diesen zu einer Kugel formen, mit einem Tuch abdecken und etwa 1 Stunde bei Zimmertemperatur ruhen lassen.

Den Teig in 4 gleich große Stücke teilen, diese nacheinander durch die Nudelmaschine drehen. Die Platten auf ein Küchentuch legen. Danach die Maschine so einstellen, daß Sie möglichst dünne Teigplatten erhalten, und die Walze einlegen, die zum Nudelschneiden verwendet wird. Teigstücke noch einmal durch die Maschine drehen. Anschließend die Nudeln auf ein bemehltes Küchentuch legen.

Für das Dressing Zitronensaft mit Wasser, Salz und Pfeffer verrühren. Das Olivenöl unterschlagen.

Für die Garnitur den Feldsalat waschen und durch das Dressing ziehen.

Steinpilze putzen und von den Stielenden befreien, mit einem feuchten Tuch abwischen und in feine Scheiben schneiden. Für die Marinade den Rotweinessig mit Salz und Pfeffer verrühren, danach das Öl untermischen. Die Pilze vorsichtig mit der Marinade vermengen.

In einem großen Topf etwa 3 l Wasser zum Kochen bringen und salzen. Darin die Nudeln in etwa 2 Minuten bißfest garen, anschließend durch ein Sieb abgießen und kurz überspülen. Die lauwarmen Nudeln mit dem Dressing mischen und dann auf Teller verteilen.

Steinpilze auf den Nudeln plazieren und mit dem feingeschnittenen Basilikum bestreuen. Den Feldsalat daneben anrichten.

Mein Tip

Frische Steinpilze sollten Sie nicht länger als 2–3 Tage aufbewahren. Beim Kauf müssen sie schön fest und trocken sein.

Spaghetti mit Ziegenkäse und Kräutern überbacken
(Für 4 Personen)
Zeitaufwand: 40 Minuten

Zutaten
200 g Spaghetti   *Salz*
100 g Ziegenkäse   *Pfeffer*
50 g gemischte Kräuter

Zubereitung
Die Spaghetti al dente kochen. Danach abschmecken und portionsweise in tiefe Teller geben.
Ziegenfrischkäse zerdrücken und mit Kräutern, Salz sowie Pfeffer abschmecken. Diese Masse auf die Spaghetti geben und im Ofen bei 180 Grad leicht überbacken, bis der Ziegenfrischkäse gerade geschmolzen ist.
Danach den Teller mit frischen Kräutern bestreuen, und das Essen sofort servieren.

Hausgemachte Nudeln mit Trüffeln

(Für 4 Personen)
Zeitaufwand: 1½ Stunden
Ruhezeit: 1 Stunde

Zutaten

Für den Nudelteig

250 g Mehl
50 g Hartweizengrieß
3 Eier

3 EL Olivenöl
1 TL Salz

50 g Butter
5 EL flüssige Sahne
Salz

Frisch gemahlener Pfeffer
Muskat
1 EL geschlagene Sahne

Für die Garnitur
1 weiße Trüffel (ca. 50 g), sauber gebürstet
Kerbel

Zubereitung

Die Zutaten für den Teig miteinander vermischen und so lange durchkneten, bis eine glatte Masse entstanden ist. Den Teig in Klarsichtfolie gewickelt 1 Stunde im Kühlschrank ruhen lassen. Anschließend mit der Nudelmaschine feine Bandnudeln daraus herstellen.
Reichlich Salzwasser zum Kochen bringen, die Nudeln darin garen, abschütten und ganz kurz mit heißem Wasser abspülen.
Die noch heißen Nudeln in eine Sauteuse geben, Butter und flüssige Sahne hinzufügen. Mit Salz, Pfeffer und Muskat abschmecken, dann gut verrühren oder schwenken, so daß die Butter die Flüssigkeit abbindet. Erst jetzt die geschlagene Sahne einrühren.
Nudeln auf Tellern anrichten. Die weiße Trüffel, in hauchdünne Scheibchen gehobelt, darübergeben und mit Kerbel garnieren.

Mein Tip

Je dünner die Trüffel gehobelt wird, desto intensiver schmeckt sie.

Pfifferling-Cannelloni mit Lauch
(Für 4 Personen)
Zeitaufwand: etwa 1 ¾ Stunden
Ruhezeit: etwa 1 Stunde

Zutaten

Für den Nudelteig
250 g Mehl   4 EL Olivenöl
50 g Hartweizengrieß   1 EL Wasser
3 Eier   Salz

Für die Füllung
600 g Pfifferlinge   Salz
1 Schalotte   Weißer Pfeffer
1½ TL Öl   250 g Crème double

24 große Spinatblätter

Für die Sauce
150 ml Gemüsebrühe   400 g Lauch
50 g kalte Butter   Salz

Außerdem
Mehl zum Bestäuben

Zubereitung

Für den Teig das Mehl auf ein Backblech sieben. Grieß, Eier, Öl, Wasser und Salz dazugeben. Alles so lange verkneten, bis der Teig glatt und glänzend ist. Diesen mit einem sauberen Tuch abdecken und anschließend bei Zimmertemperatur etwa 1 Stunde lang ruhen lassen.

Inzwischen für die Füllung die Pfifferlinge putzen. 12 kleine Pilze zum Garnieren beiseite legen, die restlichen in kleine Würfel schneiden. Die Schalotte schälen und würfeln. 1 TL Öl in einer Pfanne erhitzen, darin die Schalotte andünsten, aber nicht braun werden lassen. Pfifferlinge dazugeben und bei starker Hitze kurz sautieren, danach mit Salz und Pfeffer würzen. Die Crème double in einem Topf aufkochen und bei starker Hitze unter Rühren auf 5–6 EL reduzieren. Pilze untermischen, den Topf von der Kochstelle nehmen.

In einem großen Topf Wasser zum Kochen bringen. Spinatblätter darin etwa 1 Minute blanchieren, anschließend abgießen, auf ein Tuch geben und leicht trockentupfen. Jeweils 3 Spinatblätter aufeinanderlegen und in Rechtecke (8 x 6 cm) schneiden. Die Pfifferlingsmasse darauf setzen. Spinatblätter zu 2 cm dicken Rollen formen.

Den Nudelteig halbieren. Mit der Nudelmaschine in 1 mm dicke Teigstreifen ausrollen. Diese auf ein mit Mehl bestäubtes Tuch legen, in Rechtecke (8 x 6 cm) schneiden.

Etwa 2 l Salzwasser zum Kochen bringen. Die Teigstücke darin ca. 3 Minuten kochen lassen. Dann abgießen, mit heißem Wasser überspülen und auf ein Tuch geben. Die Spinatrollen auf die Teigstücke legen und darin einrollen.

Für die Sauce Gemüsebrühe in einem Topf zum Kochen bringen. In kleinen Stücken die kalte Butter unterrühren. Sauce im Mixer aufschlagen.

Den Lauch der Länge nach halbieren und waschen. Weiße und hellgrüne Teile in 1 cm breite Streifen schneiden. 1 l Salzwasser zum Kochen bringen und den Lauch darin etwa 2 Minuten blanchieren. Die Streifen abgießen und zum Abtropfen einige Minuten auf Küchenkrepp legen. Danach unter die Sauce mischen.

½ l Wasser in einem Dämpfer zum Kochen bringen. Den Einsatz darauf setzen und die Pfifferling-Cannelloni nebeneinander hineinsetzen. Cannelloni zugedeckt in etwa 3 Minuten heiß werden lassen.

In dem restlichen Öl bei starker Hitze die übrigen Pfifferlinge etwa 1 Minute sautieren. Den Lauch mit der Sauce noch einmal erhitzen, dann mit einem Schaumlöffel aus der Sauce nehmen und auf vorgewärmte, tiefe Teller geben. Cannelloni auf den Lauch setzen. Sauce noch einmal kurz aufmixen und über die Cannelloni gießen – jeweils 3 Pfifferlinge daneben legen.

Ricotta-Ravioli mit Oliven-Vinaigrette
(Für 4 Personen)
Zeitaufwand: etwa 2 Stunden

Zutaten

200 g Mehl	6 EL Milch
100 g Hartweizengrieß	2 EL Öl
1 Ei	Salz
3 Eigelb	

Für die Füllung
1 TL Olivenöl
1 TL Estragonessig
Salz
1 Artischocke

1 kleines Bd. Basilikum
100 g Ricotta
Weißer Pfeffer

Für die Vinaigrette
2 Tomaten
10 schwarze Oliven
5 grüne Oliven
1 Bund Schnittlauch
1 Msp. Senf
1½ EL alter Aceto balsamico
2½ EL junger Aceto balsamico

2 EL Gemüsebrühe
1½ EL reduzierter Portwein
1½ EL reduzierter Madeira
Salz
Weißer Pfeffer
5 EL Olivenöl
3 EL Sonnenblumenöl

Außerdem
1 Ei zum Bestreichen

Mehl zum Bestäuben

Zubereitung
Für den Teig das Mehl auf ein Backbrett sieben. Grieß, Ei, Eigelbe, Milch, Öl und Salz untermischen. Alles so lange verkneten, bis der Teig glatt und glänzend ist. Den Teig zu einer Kugel formen, mit einem Tuch abdecken und etwa 1 Stunde bei Zimmertemperatur ruhen lassen.

Inzwischen für die Füllung in einem Topf ½ l Wasser mit Olivenöl, Estragonessig und Salz zum Kochen bringen. Von der Artischocke mit einem scharfen Messer den Stiel entfernen und die Blätter abschneiden. Vom Artischockenboden mit einem Löffel das Heu (innere Haare) abschaben. Den Artischockenboden sofort in das kochende Wasser legen, damit er sich nicht verfärbt. Bei starker Hitze in 10–15 Minuten garen, anschließend herausnehmen, abkühlen lassen und würfeln. Das Basilikum von den Stielen zupfen, es sollten 10–15 Blätter sein. Diese waschen, trockentupfen und in feine

Streifen schneiden. Den Ricotta in einer Schüssel glattrühren. Basilikum und Artischockenwürfel untermischen, danach alles mit Salz und Pfeffer gut abschmecken.

Für die Vinaigrette in einem Topf ½ l Wasser zum Kochen bringen. Die Tomaten 1–2 Minuten einlegen, herausnehmen und die Haut abziehen. Dann die Tomaten halbieren, die Kerne entfernen und das Tomatenfleisch in kleine Würfel schneiden.

Oliven halbieren, entsteinen und klein würfeln. Den Schnittlauch waschen, trockentupfen und in feine Ringe schneiden. In einer Glasschüssel Senf, beide Essigsorten, Gemüsebrühe, Portwein und Madeira mit Salz und Pfeffer gut glattrühren. Die beiden Ölsorten unterschlagen. Tomaten, Oliven und Schnittlauch untermischen.

Den Ravioliteig halbieren und mit der Nudelmaschine zu 2 dünnen Platten (1 mm) ausrollen. Auf eine davon kleine Häufchen der Ricottamischung setzen. Das Ei verquirlen und die Zwischenräume damit bestreichen. Die zweite vorsichtig auflegen und an den Rändern sowie in den Zwischenräumen gut andrücken. Mit einem Ravioliausstecher (Durchmesser 5 cm) die Ravioli ausstechen, mit Mehl bestäuben und auf ein Tuch legen.

In einem Topf etwa 2 l Wasser zum Kochen bringen und salzen. Ravioli darin etwa 2 Minuten garen, dann abgießen.

Die Ravioli auf vorgewärmten Tellern anrichten und mit der Oliven-Vinaigrette überziehen.

Mein Tip

Bei der Vinaigrette ist es wichtig, daß Sie guten Essig (Aceto balsamico) verwenden, sonst schmeckt sie zu intensiv.

Lasagne von Auberginen
(Für 4 Personen)
Zeitaufwand: 30 Minuten

Zutaten

2 kleine Auberginen	*600 g reife Tomaten*
Meersalz	*1 EL Butter*
Frisch gemahlener Pfeffer	*1 Prise Zucker*
1 EL Mehl	*8–10 Blätter Basilikum, in feine Streifen geschnitten*
4 EL Olivenöl	*70 g frischer Schafskäse*

Zubereitung

Auberginen waschen, den Stielansatz entfernen und der Länge nach in ½ cm dicke Scheiben schneiden. Jede Seite mit Salz und Pfeffer würzen, dann die Scheiben in Mehl wenden.

In einer heißen Pfanne mit 3 EL Olivenöl beidseitig rasch anbraten. Herausnehmen und auf Küchenpapier legen, damit überschüssiges Fett aufgesaugt wird.

Den Stielansatz von den Tomaten keilförmig herausschneiden, die Tomaten mit kochendem Wasser überbrühen, häuten, halbieren, entkernen. Tomatenhälften vierteln. Die Butter erhitzen, darin die Tomaten andünsten und mit Salz, Pfeffer sowie Zucker würzen. Basilikumstreifen und zerbröckelten Schafskäse untermischen, dann den Topf beiseite stellen.

Nun abwechselnd Auberginenscheiben und Tomaten-Schafskäse-Masse in vier Lagen übereinanderschichten, so daß pro Person aus einer halben Aubergine eine Lasagne entsteht.

In eine feuerfeste Form setzen, mit dem restlichen Olivenöl beträufeln und ca. 4–5 Minuten im vorgeheizten Backofen bei 220 Grad überbacken.

Hummer auf hausgemachten Nudeln mit Basilikum
(Für 4 Personen)
Zeitaufwand: 45 Minuten

Zutaten

Für den Nudelteig
250 g Mehl
50 g Hartweizengrieß, grob
3 Eier

20 g Olivenöl
10 g Salz

Für die Sauce
100 ml Weißwein
2 cl Noilly Prat
½ Schalotte
500 ml kräftiger Fischfond
300 g Butter

10 kleine Basilikumblätter
Salz
Pfeffer
Zitronensaft

Für den Hummer
2 Hummer (à 600 g)
5 grüne Oliven
1 Karotte
1 Stück Lauch

1 Stück Staudensellerie
1 Knoblauchzehe
Salz

Für die Garnitur
Frische Basilikumblätter

Zubereitung

Alle Teigzutaten miteinander vermengen und so lange kneten, bis die Masse ganz glatt ist. Den Teig abdecken und 1 Stunde ruhen lassen. Anschließend dünn ausrollen und in feine Streifen schneiden. Nochmals 30 Minuten antrocknen lassen.

Weißwein und Noilly Prat mit der feingeschnittenen Schalotte ankochen, mit dem Fischfond auffüllen. Auf die Hälfte reduzieren. Darin die Butter verkochen, dann die Sauce im Mixer aufschlagen. Die Basilikumblätter zur Sauce geben und gut durchziehen lassen. Mit Salz, Pfeffer sowie Zitronensaft abschmecken und passieren.

In einem hohen Topf reichlich Wasser mit den übrigen Zutaten für die Hummer zum Kochen bringen. Hummer einlegen und ca. 6–8 Minuten kochen. Danach noch etwa 6 Minuten am Herdrand ziehen lassen. Anschließend 1 l kaltes Wasser zugeben, und den Hummer noch weitere 15 Minuten im lauwarmen Sud ruhen lassen. In dieser Zeit entspannt sich das Muskelfleisch und wird folglich zarter. Die Schwänze und Scheren ausbrechen und die Därme entfernen.

Die Nudeln in kochendem Salzwasser ca. 1–2 Minuten garen, abgießen, gut abtropfen und auf vorgewärmte Teller geben. Hummerfleisch in Medaillons schneiden und darauf anrichten. Mit frischen Basilikumblättern garnieren, mit der Sauce nappieren.

Mein Tip

Hausgemachte frische Nudeln schmecken wunderbar. Nehmen Sie dafür normales Weizenmehl, Type 405, das Sie mit etwas Hartweizengrieß vermischen. Dadurch bekommen die Nudeln einen angenehmen Biß.

Glücksgefühle: schlemmen wie in der »Residenz«

Schlemmen ist Lebensqualität pur. Die meisten Menschen gönnen sich ein ausgefallenes Mahl nur zu einem außergewöhnlichen Anlaß – etwa zum Geburtstag, zur Beförderung oder zu Silvester. Dabei ist ein Festessen ohne besonderen Grund mindestens ebenso reizvoll. Laden Sie Partner, Partnerin oder Freunde doch einfach mal so zum Schlemmen ein – und aus einem ganz normalen Tag wird ein Feiertag.

Zum Schlemmen gehört Raffinesse, Luxus und eine besondere Inszenierung. Damit Ihnen Ihr Vorhaben gelingt, sollten Sie sich genügend Zeit nehmen. Wenn man abends kocht, ist es sinnvoll, den ganzen Tag für die Vorbereitungen zu reservieren. Erledigen Sie am Morgen in aller Ruhe die Einkäufe. Tagsüber bereiten Sie das Essen so weit vor, daß abends nur noch das Finale zu bestreiten ist. Dann können auch Sie als Koch oder Köchin die Speisen ganz entspannt zusammen mit Ihren Gästen genießen.

Ein Schlemmermahl erfordert darüber hinaus ein stimmiges Ambiente. Gedämpftes Licht und leise Musik stimmen die Sinne wunderbar auf den Genuß ein. Eine schöne Tischdekoration ist besonders wichtig. Sie schafft einen festlich-eleganten Rahmen für die erlesenen Speisen. In der »Residenz« setzen wir dabei auf klassische Eleganz: weiße Tischwäsche, schlichtes, aber kostbares Geschirr, glänzendes Silber, funkelndes Kristall und ein exquisites Blumenarrangement.

Die Rezepte auf den folgenden Seiten garantieren höchsten kulinarischen Genuß und sind trotzdem bekömmlich. Das Geheimnis unserer »Cuisine Vitale« besteht darin, leichte aromatische Gerichte auf der Basis von besten Zutaten harmonisch zusammenzustellen. Dabei spielen Kräuter und Gewürze eine wichtige Rolle. Sie sorgen dafür, daß der Organismus richtig funktioniert und man sich auch nach dem Essen wohl fühlt.

Lauwarm geräucherter Lachs mit Kapuzinerkresse
(Für 4 Personen)
Zeitaufwand: 40 Minuten

Zutaten

Für das Dressing
100 ml mildes Olivenöl   *Salz*
3 EL Zitronensaft   *Frisch gemahlener Pfeffer*

1 Kopf Eissalat

4 flache Lachstranchen à 60 g   *Zitronensaft*
Salz   *5 Wacholderbeeren*

Für die Garnitur
Etwas Kapuzinerkresse   *1 EL Kerbel, gezupft*
1 Tomate

Außerdem
1 Räucherpfanne   *Etwas Räuchermehl*

Zubereitung
In einer Schüssel Olivenöl, Zitronensaft, Salz und Pfeffer gut miteinander verrühren.
Das Innere des Eissalates zerpflücken, waschen und in dünne Streifen schneiden. Für die Garnitur die Kapuzinerkresse waschen. Die Tomate in heißes Wasser tauchen, die Haut abziehen, entkernen und in feine Würfel schneiden.
Räuchermehl und Wacholder in die Räucherpfanne geben. Die parierten und entgräteten Lachstranchen mit Salz und Zitronensaft würzen und auf das gebutterte Gitter der Räucherpfanne setzen. 6–10 Minuten nicht zu heiß räuchern.
Den feingeschnittenen Salat mit dem Dressing anmachen, auf Tellern anrichten. Lachstranchen obenauf plazieren und mit Tomatenwürfeln und Kapuzinerkresse garnieren. Den Kerbel darüberstreuen.

Meeresfische in Safran-Vinaigrette
(Für 4 Personen)
Zeitaufwand: 45 Minuten
Ziehdauer: 3 Stunden

Zutaten
500 g verschiedene Meeresfische   *Salz*
(Seeteufel, Steinbutt u. ä.)   *Frisch gemahlener Pfeffer*

Für die Sauce
500 ml Fond blanc   *2 g Safran*
½ Karotte   *1 TL Estragonessig*
1 Tomate   *1 EL Champagneressig*
20 g Fenchel   *Saft von ¼ Zitrone*
4 Champignons   *60 g Olivenöl*
2 Schalotten   *Salz*
1 EL Pernod   *Frisch gemahlener Pfeffer*
2 Stengel Thymian   *1 Prise Zucker*

Für die Gemüsejulienne
2 kleine Karotten   *Salz*
2 Zucchini

Zubereitung
Lassen Sie sich vom Fischhändler bereits fertige Steinbutt- und Seeteufelfilets geben,
die sie nur noch entgräten, in gleichmäßige Stücke schneiden sowie mit Salz und Pfeffer würzen müssen.
In einer Sauteuse alle Zutaten für die Sauce außer Essig, Zitrone und Olivenöl aufkochen, auf ein Drittel reduzieren, vom Herd nehmen, Safran dazugeben und zugedeckt
3 Stunden ziehen lassen.

Nun die Sauce durch ein feines Sieb gießen und mit beiden Essigsorten, Zitronensaft und Öl gut vermengen. Salzen, pfeffern und eine Prise Zucker zugeben.

Die Karotten schälen und in feine Streifen schneiden. Zucchini mit der Schale ebenfalls in feine Streifen schneiden. Beide Gemüse getrennt in Salzwasser bißfest kochen, durch ein Sieb gießen und mit einem Tuch trockentupfen.

Die Meeresfischfilets über Dampf ca. 3–4 Minuten garen.

Gemüsejulienne auf Tellern verteilen, die Fischfilets darauf anrichten und mit der Safran-Vinaigrette übergießen.

Seeteufel in Spinatmantel
(Für 4 Personen)
Zeitaufwand: 40 Minuten

Zutaten

Für die Farce
100 g Seeteufel, gut gekühlt   *Frisch gemahlener Pfeffer*
Salz   *Muskat*
1 Ei   *3 EL geschlagene Sahne*
80 g Crème double

32 große Spinatblätter   *4 Scheiben Seeteufel (à 100 g),*
Salz   *1 cm dick geschnitten*

Für die Rotweinbutter
250 ml Rotwein   *80 g Butter*
60 ml roter Portwein   *Salz*
2 Schalotten

Für die Champagnersauce
6 EL Weißwein   *20 g Butter*
1 EL Noilly Prat   *2 EL geschlagene Sahne*
250 ml Fischfond   *1 EL Champagner*
125 ml Crème double

Außerdem
1 Gratinschale (feuerfeste Glasform)

Zubereitung

Für die Farce den gut gekühlten Seeteufel in Stücke schneiden, salzen, im Cutter zerkleinern. Das Ei zugeben, dann nach und nach die Crème double unterrühren. Mit Salz, Pfeffer und Muskat würzen, durch ein Haarsieb streichen und die geschlagene Sahne unterheben.

Die Spinatblätter kurz blanchieren, auf einem Tuch 8 Vierecke damit auslegen und trockentupfen. Die Farce 1 cm dick aufstreichen, darauf die gesalzenen Seeteufelscheiben legen und diese gut einschlagen.

Den Rotwein, den Portwein und die feingeschnittenen Schalotten aufkochen, auf ein Minimum reduzieren und 5 Minuten ziehen lassen. Nochmals erwärmen und diese sirupartige Reduktion mit einem Spritzer Rotwein lösen. Nach und nach die Butter einrühren und salzen. Sollte die Rotweinbutter zu säuerlich schmecken, noch etwas reduzierten Portwein hinzufügen.

Weißwein und Noilly Prat ankochen, mit Fischfond auffüllen, auf ein Viertel reduzieren, dann die Crème double und Butter dazugeben. 10 Minuten leicht kochen lassen, abpassieren und im Mixer aufschlagen. Zuletzt die geschlagene Sahne und den Champagner unterrühren.

Die eingeschlagenen Seeteufelscheiben in einer Gratinschale mit etwas Fischfond im vorgeheizten Ofen bei 200 Grad 6 Minuten garen, herausnehmen und trockentupfen. Auf vorgewärmten Tellern anrichten und mit beiden Saucen umgießen.

Gebratene Gänseleber in Honig-Vinaigrette
(Für 4 Personen)
Zeitaufwand: 35 Minuten
Ziehdauer: 12 Stunden

Zutaten

4 Scheiben Gänsestopfleber (à 60 g)	Pfeffer
Salz	Muskatblüte

Für das Frenchdressing (ergibt ca. 1 l)

2 Eigelb	2 EL Senf
Salz	500 ml Öl
Pfeffer	3 EL Aceto Balsamico

14 EL Sherryessig
2 EL Himbeeressig
500 ml Sahne

Basilikumzweig
Rosmarinzweig
1 Knoblauchzehe

Für die Vinaigrette
70 ml Frenchdressing
70 ml weißer Aceto balsamico

4 EL Honig
20 ml Sherryessig

Zubereitung

Leberscheiben von eventuellen Blutadern befreien, mit Salz, Pfeffer und Muskatblüte würzen. Ohne Fett in einer heißen Pfanne goldbraun braten.

Für das Frenchdressing Eigelbe, Salz, Pfeffer und Senf verrühren, dann das Öl nach und nach zugeben. Sahne schlagen und unter die Mayonnaise heben. Basilikum-, Rosmarinzweig und Knoblauch hinzufügen. Über Nacht ziehen lassen.

Für die Vinaigrette alle angegebenen Zutaten zu einer geschmeidigen Creme verrühren, abschmecken.

Die gebratene Gänseleber auf der Honig-Vinaigrette anrichten.

Mein Tip

Wenn Sie möchten, können Sie etwas Selleriepüree dazu servieren.

Das Frenchdressing schmeckt nur gut, wenn Sie eine größere Menge auf einmal herstellen. Es läßt sich sehr gut mit anderen Salaten kombinieren, zum Beispiel mit gekochten Salaten aus Sellerie, Schwarzwurzel oder als Artischocken-Dip.

Emincé vom Fasan in Wacholdersauce
(Für 4 Personen)
Zeitaufwand: 1½ Stunden

Zutaten

Für die Emincé
2 Fasane

Für die Sauce
700 g Fasanenknochen   *500 ml Fond blanc*
Öl   *750 ml Sahne*
1 Zwiebel   *Salz*
1 Stück Staudensellerie   *Pfeffer*
100 ml Weißwein   *10 zerdrückte Wacholderbeeren*
100 ml Gin   *50 g Butter*
250 ml Geflügeljus

Zubereitung
Brüste und Keulen der Fasane auslösen und zur Seite stellen. Die Karkassen für die Sauce verwenden, die Keulen für ein anderes Gericht.
Fasanenknochen kleinhacken und in Öl stark anbraten. Zwiebel und Staudensellerie klein würfeln, zugeben und bei mäßiger Hitze im Ofen bei 180 Grad anbräunen. Das Öl abgießen. Mit Weißwein und Gin ablöschen, reduzieren und dann mit dem Geflügeljus auffüllen. Wiederum einkochen lassen und anschließend mit Fond blanc auffüllen. Auf ein Drittel reduzieren, mit der Sahne aufgießen. Noch weitere 15 Minuten kochen lassen. Mit Salz und Pfeffer abschmecken.
Die Sauce abpassieren und in einem Topf mit den zerdrückten Wacholderbeeren am Herdrand so lange ziehen lassen, bis die Sauce den Wacholdergeschmack angenommen hat. Durch ein Tuch passieren. Die Butter zugeben und das Ganze im Mixer aufschlagen. Eventuell noch mit Gin und Salz abschmecken.
Fasanenbrüstchen in 1 cm dicke Scheiben schneiden und nur kurz in Butter braten, so daß sie innen saftig bleiben.
Die Scheiben auf vorgewärmten Tellern anrichten und mit der Sauce nappieren.

Mein Tip

Es ist sehr schwierig, einen Fasan im Ganzen so zu braten, daß die Brust saftig bleibt und die Keulen gar sind. Deshalb sollte man die Brust besser auslösen und die Keulen für ein anderes Gericht verwenden.

Rebhuhnbrüstchen in Spitzkohlmantel mit Senfkörnersauce
(Für 4 Personen)
Zeitaufwand: 2 Stunden

Zutaten
2 schöne Rebhühner
Salz
Frisch gemahlener Pfeffer
4 Spitzkohlblätter

Salz
80 g süße Sahne
Muskat

Für die Consommé
30 g Senfkörner
60 g Schalotten, feingeschnitten
10 g Butter
500 ml Weißwein
250 ml Apfelsaft

1 EL alten Aceto balsamico
1 EL Himbeeressig
500 ml Geflügelfond
Salz
1 Prise Zucker

Für die Sauce
400 ml Consommé
2 EL Weißwein
150 g Butter

Zubereitung

Die jungen Rebhühner ausnehmen, flämmen, die Brüste ablösen und würzen.

Für die Consommé Senfkörner waschen. Schalotten in der Butter anschwitzen, mit Weißwein, Apfelsaft, Balsamico- und Himbeeressig ablöschen und den Geflügelfond zugießen, Salz und Zucker hineingeben. Etwa 1½ Stunden langsam köcheln lassen, so daß sich die Flüssigkeit auf ein Drittel reduziert. Alles durch ein Sieb gießen. Dann Consommé und Weißwein in einem Topf auf ein Viertel reduzieren, die Butter darin verkochen und die Senfkörner unterrühren.

Von den Spitzkohlblättern den Strunk entfernen. Die Blätter in Salzwasser blanchieren, abgießen, auf einem Tuch trockentupfen. Dann kurz in der Sahne erhitzen, mit Muskat abschmecken und abkühlen lassen. Auf einem Tuch die Spitzkohlblätter auslegen, die gewürzten Rebhuhnbrüstchen darin einschlagen, über Dampf auf einem Gitter ca. 6 Minuten garen.

Die Sauce auf vorgewärmte Teller gießen und die Rebhuhnbrüstchen darauf anrichten.

Gefülltes Perlhuhnküken auf Lauch und Pfifferlingen
(Für 4 Personen)
Zeitaufwand: 1 Stunde

Zutaten
2 Perlhuhnküken (à ca. 250 g)

Für die Farce
60 g Kalbfleisch, ohne Sehnen und Fett   *20 g Butter*
Salz   *1 Schalotte*
1 Eiweiß   *1 Thymianzweig*
80 g Crème double   *Pfeffer*
80 g Geflügelleber und -herzen   *Etwas Kerbel*

Für die Sauce
200 g Lauch   *4 cl Madeira*
150 g Pfifferlinge   *6 cl Weißwein*
30 g Butter   *160 ml brauner Geflügelfond (oder Kalbsfond)*
Salz   *80 g Butter*

Zubereitung

Perlhuhnküken ausnehmen und abflämmen, die Leber und Herzen für die Farce auf die Seite stellen.

Kalbfleisch leicht salzen und zweimal durch die feine Scheide des Fleischwolfes drehen oder im Blitzhacker zerkleinern. Durch ein Haarsieb streichen und in einer Metallschüssel auf Eis stellen. Eiweiß und Crème double einarbeiten. Geflügelleber und -herzen in Würfel schneiden, in der Butter mit der feingeschnittenen Schalotte und dem Thymianzweig kurz ansautieren, mit Salz und Pfeffer abschmecken. Thymianzweig herausnehmen und die Fleischwürfel erkalten lassen. Den gehackten Kerbel zugeben und diese Einlage unter die Farce mischen. Gut verrühren.

Die Brusthaut der Perlhühner vorsichtig vom Fleisch lösen, dabei weder verletzen noch abtrennen, so daß man die Farce mit einem Spritzbeutel mit großer, glatter Tülle zwischen Haut und Brustfleisch spritzen kann. Mit der Farce sollten die Rundungen der Brust unter der Haut nachgeformt werden. Perlhühner in Form binden, leicht salzen und im Ofen bei 220 Grad ca. 25 Minuten braten.

Den Lauch waschen, die ersten beiden Außenschichten entfernen, das Innere in ca. 4 cm lange und 1 cm breite Streifen schneiden. In Salzwasser blanchieren. Abgießen und leicht ausdrücken. Pfifferlinge putzen, waschen, mit Butter und wenig Salz ansautieren, dann den Lauch beigeben. Madeira kurz ankochen, mit dem Weißwein auf die Hälfte reduzieren. Mit braunem Fond auffüllen und wiederum um ein Drittel einkochen. Butter einrühren, dann den Lauch mit den Pfifferlingen in der Sauce kurz erhitzen.

Sauce mit dem Gemüse auf vorgewärmte große Teller geben. Die gefüllten Brüste von den Karkassen trennen und in schräge Scheiben schneiden. Auf dem Gemüse anrichten. Die ausgelösten Keulen im Ofen bis zum Nachservieren warm halten.

Mein Tip

Die Karkassen nicht wegwerfen, sondern für Geflügelsauce auskochen.

Kindheitsträume: Deftiges aus Omas Küche

Ein Teller mit herzhafter Hausmannskost kann die Laune manchmal schlagartig verbessern. Vor allem dann, wenn das graue Winterwetter auf die Stimmung drückt oder wir die Welt aus irgendeinem anderen Grund als besonders feindlich empfinden. Denn Eintopf und Braten sind nicht nur eine warme, nahrhafte Mahlzeit, die angenehm satt und zufrieden macht. Bürgerliche Gerichte wie *Wiener Schnitzel* oder *Rinderroulade mit Paprika und Pfifferlingen* gefüllt haben viel mit Tradition und Erinnerungen zu tun und vermitteln den meisten Menschen deshalb ein sicheres sowie geborgenes Gefühl.

Wer denkt beim köstlichen Duft einer frisch gebratenen Gans nicht gerne an die Weihnachtsfeste der Kinderzeit zurück? Abgesehen davon hat wohl jeder seine ganz persönlichen kulinarischen Erinnerungen, je nachdem, wo und wann er aufgewachsen ist. Das kann die rote Grütze mit Vanillesauce sein, die es in den Sommerferien bei der Großmutter immer gab. Oder die Spaghetti aus der Miracoli-Packung. Vielleicht denken Sie ja auch voller Wonne an das Rahmschnitzel mit Kartoffelkroketten zurück, das als Belohnung für eine gute Klassenarbeit auf den Tisch kam.

In unserem Kulturkreis verbinden sich mit vielen Gerichten Vorstellungen von der guten alten Zeit und der Geborgenheit im Kreis der Familie. So gehört zum sonntäglichen Familienessen ein saftiger Braten mit Sauce und Knödeln. Bei einer knusprigen Haxe denkt man eher an ein gemütliches Wirtshaus auf dem Land mit karierten Tischdecken und einer fröhlichen Kellnerin.

Die Gerichte aus »Omas Küche« verwöhnen Ihren Gaumen mit all den Aromen, die uns von Kindheit an vertraut sind. Wir haben die Rezepte allerdings etwas verfeinert und dem heutigen ernährungswissenschaftlichen Stand angepaßt. Dadurch sind sie unserer Meinung nach noch reizvoller und vor allem bekömmlicher geworden.

Gänsebraten mit Grießknödel und Bratapfel

(Für 4 Personen)
Zeitaufwand: 2½ Stunden
Ruhezeit: 1 Stunde

Zutaten

1 junge Gans (ca. 2,5 kg),
  küchenfertig
Meersalz
1 mittelgroßer Apfel, Boskop

1 Zwiebel, geschält
1 Zweig Beifuß
Ca. 250 ml Wasser
400 ml brauner Geflügelfond

Für die Grießknödel

140 g Butter
4 Eier
240 g Grieß
5 Brötchen (ca. 200 g), entrindet,
  feingewürfelt

125 ml saure Sahne
450 g Kartoffeln, mehlig kochend
Salz
Muskat

Für die Bratäpfel

4 Äpfel, Boskop, gewaschen
40 g Butter
2 EL Preiselbeeren

35 g Zucker
Saft einer ½ Zitrone
2 EL Weißwein

Zubereitung

Gans säubern, trockentupfen und von innen mit Meersalz würzen. Den Apfel schälen, halbieren und mit der Zwiebel sowie dem Beifuß in die Gans füllen. In einem Bräter das Wasser zum Kochen bringen und die Gans hineinlegen. Im vorgeheizten Backofen bei 220 Grad etwa 1½–2 Stunden garen. Zwischendurch mehrmals mit der Bratflüssigkeit begießen. Nach 1 Stunde die Füllung aus der Gans nehmen und offen in den Bräter legen.

Für die Grießknödel die Butter schaumig rühren, Eier und Grieß unterrühren. Den Teig etwa 1 Stunde ruhen lassen. Brötchenwürfel in saurer Sahne einweichen. Die gesäuberten Kartoffeln kochen, pellen, grob zerkleinern und auf ein Backblech legen. In den vorgeheizten Backofen schieben und bei 220 Grad 5–7 Minuten ausdämpfen lassen. Danach durch ein Sieb streichen, mit den Brötchenwürfeln und der Grießmasse vermischen und mit Salz sowie Muskat abschmecken.

Die Gans aus dem Bräter nehmen, warm stellen. Den Geflügelfond in den Bräter geben, kräftig durchkochen und die Sauce durch ein feines Sieb gießen. Wenn nötig entfetten, dann abschmecken.

Aus der Grieß-Kartoffel-Masse kleine Knödel formen und in kochendem Salzwasser ca. 15 Minuten gar ziehen lassen.

Für die Bratäpfel das Kerngehäuse der Äpfel mit einem Apfelausstecher entfernen. Die Äpfel in eine gebutterte Form setzen, mit Preiselbeeren füllen und mit Zucker bestreuen. Übrige Butter in Flöckchen darüber verteilen. Im vorgeheizten Backofen bei 250 Grad etwa 45 Minuten braten. Zitronensaft und Wein dazugeben. Weiterschmoren lassen, bis der Saft dickflüssig eingekocht ist.

Zum Servieren die Gans tranchieren, mit den Grießknödeln und Bratäpfeln anrichten. Fleisch und Äpfel mit der jeweiligen Sauce überziehen.

Wiener Schnitzel
(Für 4 Personen)
Zeitaufwand: 35 Minuten

Zutaten
8 Kalbsschnitzel (à 60 g)   *2 Eigelb*
Salz   *100 g frische Semmelbrösel (Paniermehl)*
Pfeffer   *Pflanzenöl*
Etwas Mehl   *Etwas Butter*

Für die Garnitur
1 Zitrone, in Scheiben geschnitten

Zubereitung

Schnitzel salzen, pfeffern und in Mehl wenden. Dann die Eigelbe verquirlen, die Schnitzel hindurchziehen und anschließend in den Semmelbröseln wenden. In nicht zu heißem Pflanzenfett goldgelb ausbacken. Bratfett abgießen, die Schnitzel in etwas schäumender Butter nachbraten.

Auf im Ofen vorgewärmten Tellern anrichten und mit Zitronenscheiben garnieren.

Mein Tip

Das beste Fleischstück für Wiener Schnitzel ist die Oberschale. Die Scheiben nicht dünner als ca. 15 mm schneiden, sonst trocknet das Fleisch zu schnell aus.

Für die Panade verwenden wir keine steinalten geriebenen Brösel, sondern »mie de pain«. Sie wird aus zwei bis drei Tage altem Kastenweißbrot ohne Rinde oder Toastbrot frisch gerieben.

Als Beilagen eignen sich Petersilienkartoffeln oder Kartoffelsalat.

Ochsenschwanz in Burgundersauce

(Für 4 Personen)
Zeitaufwand: 2 Stunden
Ziehdauer: 12 Stunden

Zutaten

Für die Marinade
250 g rote Zwiebeln
150 g Möhren
140 g Staudensellerie
1 Knoblauchzehe
2 Gewürznelken
1 Lorbeerblatt

2 Zweige Thymian
Einige Petersilienstiele
1 EL Pfefferkörner
1½ l Rotwein
3 EL Olivenöl

2 Ochsenschwänze (etwa 3 kg),
 beim Einkauf in Stücke zerteilen lassen
1 EL Butterschmalz
20 g getrocknete Steinpilze

350 g Tomaten, gewürfelt
750 ml eingekochter Kalbsfond
Meersalz
100 g Butter

Für die Füllung
500 ml Vollmilch
60 g Butter
Meersalz
Muskat

90 g Grieß
2 Eigelb
1 EL Parmesankäse, gerieben

Zubereitung

Für die Marinade das Gemüse putzen, grob würfeln und mit allen übrigen Zutaten mischen.

Die Ochsenschwanzstücke nebeneinander in eine Schüssel setzen und mit der Marinade begießen. Abgedeckt 12 Stunden durchziehen lassen. Danach Ochsenschwanzstücke aus der Marinade nehmen und mit Küchenpapier trockentupfen. Rundherum in heißem Butterschmalz anbraten.

Die Marinade durch ein Sieb gießen, das Gemüse zu den Ochsenschwanzstücken geben, kurz mitrösten. Mit der Marinadenflüssigkeit ablöschen, die Steinpilze und die Tomatenwürfel zugeben, würzen und den Kalbsfond aufgießen. Im vorgeheizten Backofen bei 200 Grad etwa 2 Stunden garen.

Für die Füllung in der Zwischenzeit die Milch mit Butter, Salz und Muskat aufkochen. Den Grieß einstreuen und unter ständigem Rühren quellen lassen. Beiseite stellen, nacheinander die Eigelbe und den Parmesankäse untermischen. In einen Spritzbeutel mit mittlerer Lochtülle füllen.

Ochsenschwanzstücke aus der Sauce nehmen und etwas abkühlen lassen. Die Sauce auf ½ l Flüssigkeitsmenge einkochen lassen. Vorsichtig die Knochen aus den Ochsenschwanzstücken herauslösen, so daß deren ursprüngliche Form erhalten bleibt. Die vorbereitete Grießfüllung an Stelle der Knochen in die Fleischstücke spritzen. Die Ochsenschwanzstücke auf eine feuerfeste Platte setzen, etwas Sauce zugeben und im vorgeheizten Backofen bei 200 Grad ca. 10 Minuten überbacken. Nebenbei das Beilagengemüse (s. Tip) dämpfen.

Die eingekochte Sauce durch ein Sieb gießen, würzen, erneut erhitzen und die Butter flöckchenweise unterrühren.
Je zwei gefüllte Ochsenschwanzstücke mit etwas Sauce und Gemüse anrichten, übriges Fleisch separat servieren.

Mein Tip
Als Beilage eignen sich verschiedene Gemüse, zum Beispiel Blumenkohl, Frühlingszwiebeln oder Möhren sowie Kartoffelpüree.

Rinderroulade mit Paprika und Pfifferlingen gefüllt
(Für 4 Personen)
Zeitaufwand: 1½ Stunden

Zutaten
4 Scheiben Rindfleisch aus der Hüfte (à 120 g), ½ cm dick
Salz

Für die Füllung
2 rote Paprikaschoten	*3 EL Olivenöl*
1 Zwiebel	*Salz*
60 g Butter	*Frisch gemahlener Pfeffer*

Für die Sauce
1 TL Madeira	*150 g Pfifferlinge*
1 EL Weißwein	*30 g Butter*
200 ml Bratenjus	*Salz*
1 EL getrocknete Steinpilze, eingeweicht	*Frisch gemahlener Pfeffer*

Zubereitung
Das Rindfleisch leicht klopfen und mit dem Salz würzen.
Paprikaschoten entkernen und Zwiebel schälen. Beides in Streifen schneiden, dann in einer Sauteuse mit der Butter weich dünsten. Kurz abkühlen lassen, auf die 4 Fleischscheiben verteilen, einrollen und diese mit einem Faden zubinden.

In einem flachen Topf die Rouladen mit dem Olivenöl von allen Seiten rasch anbraten, herausnehmen und das Öl abgießen. Den Bratensatz mit Madeira und Weißwein ablöschen, mit dem Bratenjus auffüllen, die Steinpilze sowie die Rouladen zufügen. Zugedeckt ca. 25 Minuten dämpfen lassen.

Pfifferlinge putzen, in einer Sauteuse mit der Butter anschwitzen, würzen und zu den Rouladen geben.

Sind die Rouladen weich, werden sie aus dem Topf herausgenommen. Die Sauce durch ein Sieb passieren, im Mixer mit der Butter aufschlagen, mit Salz und Pfeffer abschmecken.

Nach dem Garen von den Rouladen sämtliche Fäden entfernen, anschließend das Fleisch auf vorgewärmten Tellern anrichten, mit den Pilzen umlegen und die Sauce darüber gießen.

Mein Tip

Die Roulade gehört schon seit Jahrhunderten zur gutbürgerlichen Küche. Mit dieser Füllung zubereitet, erfährt sie eine Veredelung und ist auch für die verwöhntesten Zungen wieder ein Genuß.

Rostbraten Strindberg
(Für 4 Personen)
Zeitaufwand: 1,5 Stunden

Zutaten

500 g weiße Zwiebeln, geschält, feingeschnitten
4–5 EL Butterschmalz
Meersalz
Frisch gemahlener Pfeffer

4 Rumpsteaks vom Rind (à 130 g), ohne Fett
4 Eigelb
2 EL Grüner-Pfeffer-Senf
2 EL Mehl
125 ml eingekochter brauner Kalbsfond

Zubereitung

Die feingeschnittenen Zwiebeln in heißem Butterschmalz in einer Pfanne goldgelb andünsten, salzen und pfeffern. Auf einem Sieb abtropfen lassen, dann auf Küchenpapier geben, damit das überschüssige Fett aufgesaugt wird.

Die Rumpsteaks zwischen 2 Blatt Klarsichtfolie legen und vorsichtig flachklopfen. Das Fleisch von einer Seite mit Pfeffer und Salz würzen. Eigelbe und den Senf verrühren, leicht salzen, pfeffern und die Fleischscheiben damit bestreichen. Die Zwiebeln darüber verteilen, mit einem Messerrücken leicht andrücken und mit Mehl bestäuben.

In einer Pfanne das Butterschmalz mäßig warm werden lassen, die Fleischscheiben mit der Zwiebelseite nach unten hineinlegen und ca. 2 Minuten anbraten. Pfeffern, salzen, vorsichtig wenden und weitere 2 Minuten braten. Herausnehmen und auf einer vorgewärmten Platte warm stellen.

Das Bratfett abgießen, den Bratensatz in der Pfanne mit dem Kalbsfond ablöschen und kurz durchkochen lassen.

Fleischscheiben mit der Zwiebelseite nach oben anrichten und mit der heißen Sauce umgießen.

Mein Tip
Dazu passen Röstkartoffeln.

Scharf und heiß: Chilis gegen Seelenschmerz

Mit der Vorliebe für scharfe Gerichte ist es ähnlich wie mit der Begeisterung für Fußball: entweder man liebt scharfes Essen oder man macht sich gar nichts daraus. Dabei ist die Lust darauf nicht angeboren, sondern antrainiert. Der Kontakt mit scharfen Gewürzen wie Chili, Pfeffer oder Ingwer ist anfangs immer sehr unangenehm. Bekommt zum Beispiel ein kleines Kind etwas Scharfes zwischen die Zähne, fängt es fürchterlich zu schreien an. Denn das, was wir als scharf wahrnehmen, ist strenggenommen keine Geschmacksempfindung, sondern eher eine Art Schmerz, der entsteht, wenn Scharfstoffe den Trigeminusnerv reizen.

Wer sich dazu überwinden kann, die Mißempfindungen auszuhalten, wird nach einiger Zeit mit angenehmen Gefühlen belohnt: der Körper produziert gegen Schmerz die sogenannten Endorphine. Das sind betäubende Substanzen, die sich positiv auf die Stimmung auswirken. Ißt man häufiger scharf, wird der Reiz aufgrund der Gewöhnung irgendwann sogar spontan als lustvoll empfunden. Psychologen sprechen in diesem Zusammenhang von einem Thrillerlebnis. Dafür sind besonders solche Menschen empfänglich, die für ihr Wohlbefinden eher starke Reize brauchen. Wenn Sie ein Fan von scharfem Essen sind, werden Sie also wahrscheinlich auch sonst im Leben Herausforderungen und intensive Erlebnisse suchen.

In unserer Küche gehen wir mit Chili und Pfeffer sehr vorsichtig um. Wir verwenden davon nur gerade soviel, daß die Aromen der anderen Zutaten noch zur Geltung kommen. Es wäre schade, eine so ausgewogene Komposition wie zum Beispiel *Gambas mit Zitronengras und roter Chili* sehr scharf zuzubereiten. Doch auch in kleinen Mengen wirkt das in den Chilis enthaltene Capsaicin anregend, stimmungsaufhellend und verdauungsfördernd. Wenn Sie einmal richtig scharf essen wollen, gehen Sie am besten in ein gutes thailändisches Restaurant.

Jakobsmuscheln in Creme von Limonenblättern und gelber Chili

(Für 4 Personen als Vorspeise,
für 2 Personen als Hauptspeise)
Zeitaufwand: 35 Minuten

Zutaten

Für die Creme

½ Apfel, Granny Smith	200 ml Fischfond
¼ Ananas	½ l Sahne
30 g Butter	10 cl Noilly Prat (auf 6 cl reduzieren)
2 Schalotten	Salz
7 Limonenblätter	4–5 gelbe Chilis
2 TL Curry	

30 g Butter
12–16 ganze, mittelgroße Jakobsmuscheln
Salz

Zubereitung

Den Apfel und die Ananas kleinschneiden, in Butter mit den Schalotten anschwitzen. Zerdrückte Limonenblätter dazugeben, den Curry kurz anschwitzen. Mit Fischfond ablöschen und etwa 1 Stunde köcheln lassen.

Danach den Sud abpassieren, Sahne dazugeben und mit dem reduziertem Noilly Prat sowie Salz abschmecken. Zum Schluß den gelben Chili in kleinen Mengen dazugeben.

Eine Sauteuse (möglichst aus Kupfer) oder eine Teflonpfanne schwach erhitzen und 30 g Butter darin schmelzen. Die Jakobsmuscheln salzen und in der Butter kurz auf beiden Seiten garen, ohne daß sie Farbe annehmen. Anschließend auf ein Tuch legen und das Fett abtupfen.

Auf vorgewärmten Suppentellern anrichten und mit der Creme nappieren.

Mein Tip

Wenn Sie – was meist der Fall sein wird – auf gefrorene Jakobsmuscheln zurückgreifen müssen, kaufen Sie nur beste Qualität: weißes, festes Muschelfleisch, mindestens fünfmarkstückgroß, das mit dem orangeroten Corail verpackt ist. Lassen Sie die Muscheln langsam auftauen, damit sie dabei nicht zu viel Saft verlieren.

Die Menge der Jakobsmuscheln richtet sich danach, ob die Muscheln als Zwischengericht oder als Hauptgang serviert werden.

Sollten Sie Jakobsmuscheln in der Schale kaufen, müssen sie aufgebrochen, gesäubert und Muschelfleisch sowie Corail 1 Stunde gewässert werden. Das Muschelfleisch herausnehmen, auf ein Tuch legen und trockentupfen, dann in 2 cm dicke Scheiben schneiden. Normalerweise erhalten Sie jedoch die Muscheln bei Ihrem Fischhändler so vorbereitet.

Gambas mit Zitronengras und roter Chili
(Für 4 Personen)
Zeitaufwand: 45 Minuten

Zutaten

16 Gambas	1 Spritzer Noilly Prat
30 g Butter	100 ml Weißwein
1 Msp. roten Chili	1 l Fond blanc
Salz	200 ml Sahne
Pfeffer	1 EL Crème fraîche
4–5 Schalotten	2 Zitronen
5 Stangen frisches Zitronengras	2 EL geschlagene Sahne
80 g Butter	

Zubereitung

Gambas gründlich schälen, in Butter sautieren, mit Salz und Pfeffer würzen.

Die feingehackten Schalotten und das zerkleinerte Zitronengras in der Butter farblos anschwitzen. Mit Noilly Prat ablösen, mit dem Weißwein angießen. Leicht einkochen lassen und mit Fond blanc auffüllen. Noch weiter köcheln lassen, bis nur noch etwa die Hälfte der Flüssigkeit übrig ist. Den Fond mit Sahne, Crème fraîche und etwas Butter binden. Mit Zitronensaft sowie Salz abschmecken. Durch ein feines Sieb passieren, dann die geschlagene Sahne zugeben und die Sauce nochmals aufmixen.

Die Gambas auf einem Teller anrichten, die Sauce darüber geben und den feingehackten roten Chili darüber streuen.

Kalbsfilet auf Koriander mit weißem Pfeffer
(Für 4 Personen)
Zeitaufwand: 1 Stunde

Zutaten

Für den Nudelteig
250 g Mehl   20 g Olivenöl
50 g Hartweizengrieß, grob   10 g Salz
3 Eier

1 Karotte   Salz
1 Zucchini   Pfeffer
20 g Butter

5 EL Koriander, zerstoßen   5 EL Sahne
50 g Nußbutter   3 EL Butter
200 ml Kalbsjus   Salz
10 cl Noilly Prat   400 g Kalbsfilet
   (auf 4 cl reduzieren)   1 EL grober, weißer Pfeffer

Zubereitung

Die gesamten Zutaten für den Nudelteig miteinander vermengen und so lange kneten bis der Teig ganz glatt ist. Den Teig abdecken und im Kühlschrank ca. 1 Stunde ruhen lassen.

Danach den Teig dünn ausrollen und in feine Streifen schneiden. Auf einem Tablett die Nudeln etwa 30 Minuten antrocknen lassen.

Das Gemüse in ca. 3 cm lange Streifen schneiden. Dann in einer Sauteuse die beiden Gemüsesorten getrennt voneinander in der Butter weich dünsten. Mit Salz und Pfeffer abschmecken.

Die Nudeln in kochendem Salzwasser 2 Minuten garen. Anschließend abgießen und kurz abschrecken. Dann mit den gegarten Gemüsestreifen mischen.

Den Koriander in Nußbutter anrösten, etwas Kalbsjus dazu geben und 3–4 Minuten köcheln lassen, dann die Sauce passieren. Noilly Prat und Zitronensaft hinzufügen. Sahne zugeben, mit etwas Butter verfeinern und mit Salz abschmecken. Das Kalbsfilet parieren und in Medaillons (à ca. 50 g) schneiden. Diese Medaillons rosa anbraten und mit grobem weißem Pfeffer würzen.

Die Kalbfilets und die Gemüsenudeln auf Tellern anrichten und die Koriandersauce dazureichen.

Verführerisch: Liebesküche für Zwei

Warum servieren Sie an einem Abend zu zweit nicht einmal ein erotisches Dinner? Das kann ganz schön aufregend sein. Damit das Liebesmahl zum erwünschten Erfolg führt, sollten Sie leicht verdauliche Schlemmereien zubereiten, die genügend Eiweiß enthalten. Kohlenhydrate sind in diesem Fall nur in geringen Mengen empfehlenswert. Sie machen zwar glücklich, fördern aber nicht unbedingt die Libido.

Zu einem richtigen Liebesmahl gehören die klassischen Aphrodisiaka. Das sind Lebensmittel wie Austern, Trüffel, Spargel, Sellerie und Kaviar, denen von alters her eine liebessteigernde Wirkung nachgesagt wird. Austern und Spargel regen schon allein durch ihren Anblick zu sündigen Gedanken an. Daneben enthalten aphrodisische Speisen genau die Vitalstoffe, die der Körper für eine gesunde Sexualität braucht. Das sind die Vitamine A, C, E und die der B-Gruppe, außerdem Magnesium, Kalium und Zink. Ein besonders wirkungsvolles Aphrodisiakum ist die Trüffel. Wissenschaftler haben inzwischen herausgefunden, daß Bachen sie deshalb so ungestüm aus dem Boden wühlen, weil sie meinen, einem feurigen Eber auf der Spur zu sein. Denn die »Phallen der Erde«, wie die Trüffel auch genannt werden, enthalten eine hohe Konzentration des Sexuallockstoffs Androsteron, der mit dem männlichen Geschlechtshormon Testosteron verwandt ist.

Was man sich bei einem Liebesmahl so alles einfallen lassen kann, ist bei Casanova nachzulesen. In seinen Memoiren beschreibt er, wie er eine junge Dame beim Austernessen verführte: »Ich hob eine Muschel an ihren Mund und sagte ihr, sie solle das Wasser schlürfen und die Auster zwischen den Lippen festhalten. Sie lachte zuerst sehr. Dann führte sie meine Anweisungen getreulich aus, und ich nahm ihr die Auster von den Lippen, indem ich die meinen mit dem größten Anstand auf die ihren legte«. Irgendwann landete natürlich eine Auster im Ausschnitt der Lady. »Sie wollte sie herausholen, doch ich beanspruchte dieses Recht für mich. Sie mußte sich fügen, von mir aufschnüren lassen und gestatten, daß ich die Auster mit den Lippen aus der Vertiefung holte, in die sie gefallen war«.

Spargel mit Beaujolais-Sauce
(Für 3–4 Personen)
Zeitaufwand: etwa 1¹/₄ Stunden

Zutaten

Für die Sauce
4 Schalotten
125 ml roter Portwein
300 ml Beaujolais
1 EL trockener Rotwein

120 g kalte Butter
Salz
10 g Sahne

600 g weißer Spargel
Saft von ½ Zitrone
Salz

1 Prise Zucker
1 Scheibe Weißbrot

Zubereitung

Die Schalotten fein hacken. In einem kleinen Saucenpfännchen Portwein und Beaujolais zusammen mit den Schalotten etwa 10 Minuten bei mittlerer Hitze kochen, bis die Masse dicklich ist. Diese Reduktion von der Kochstelle nehmen und etwas abkühlen lassen. Anschließend das Ganze wieder auf die Kochstelle geben und langsam bei schwacher Hitze erwärmen. Den Rotwein mit einem Schneebesen einrühren. Dabei löst sich die dickliche Sauce leicht von der Pfanne. Die kalte Butter in kleine Stücke schneiden und mit einem Schneebesen unter die Sauce schlagen. Die Sauce salzen und zur Seite stellen.

Spargel mit einem guten Schäler gründlich schälen. In einem großen Topf etwa 2 l Wasser mit Zitronensaft, Salz, Zucker und Weißbrot zum Kochen bringen. Dann den Spargel in das Wasser legen und je nach Stärke der Stangen 8–10 Minuten sprudelnd kochen lassen. Mit einem Schaumlöffel den Spargel aus dem Wasser heben, auf ein Tuch legen, gut abtropfen lassen und in etwa 4 cm lange Stücke schneiden.

Die Sahne halbsteif schlagen.

Sauce noch einmal leicht erwärmen, dann auf vorgewärmte Teller verteilen. Die Sahne kreisförmig auf den Saucenspiegel gießen und mit einer Gabel ein Muster durchziehen. Darauf den Spargel anrichten.

Mein Tip

Bevorzugen Sie Spargel aus deutschen Anbaugebieten, denn er hat keinen langen Transport hinter sich. Außerdem verfügt er über einen ausgeprägten Geschmack und ist nicht bitter. Kaufen können Sie deutschen Spargel von April bis Juni.

Achten Sie beim Einkauf darauf, daß die Enden nicht ausgetrocknet sind – der Spargel sollte frisch geschnitten sein. Beim Schälen die Stangen vom Spargelkopf aus sorgfältig nach unten hin schälen, nur die holzigen Enden entfernen.

Es empfiehlt sich, Spargel im Ganzen zu garen und ihn nur in Stücke zu schneiden, wenn Sie Suppen und Salate zubereiten.

Geben Sie beim Garen eine Scheibe Weißbrot dazu, sie bindet eventuell vorhandene Bitterstoffe. Achten Sie beim Garen auch darauf, daß der Spargel nicht zu weich wird, er sollte noch Biß haben.

Belon-Austern mit Pumpernickel

(Für 2 Personen)
Zeitaufwand: 20 Minuten

Zutaten

12 Austern (Belon)	*2 Zitronen*
4 Scheiben Pumpernickel	*Etwas zerstoßenes Eis*

Zubereitung

Die Austern mit einem Austernöffner aufmachen und kleine eventuelle Bruchstücke herauswischen. Dann die Austern auf dem Eis anrichten und mit der Zitrone ausgarnieren. Den Pumpernickel als Beilage dazugeben.

Kartoffelmousseline mit Kaviar
(Für 4 Personen)
Zeitaufwand: 40 Minuten

Zutaten
4 große Kartoffeln   *Salz*
100 g zerlassene Butter   *Pfeffer aus der Mühle*
100 ml Sahne

Für die Garnitur
300 g Kaviar   *100 ml Sauerrahm*

Zubereitung
Kartoffeln waschen, mit der Schale in Salzwasser gar kochen. Anschließend schälen und durch die Kartoffelpresse drücken.
Die zerlassene Butter und die heiße Sahne mit dem Schneebesen einrühren. Mit Salz und Pfeffer würzen.
Die Kartoffelmasse auf vorgewärmte Teller anrichten, darauf den Kaviar geben. Mit einem Teelöffel den Sauerrahm am Rand der Kartoffelmousseline verteilen.

Exotische Düfte: ein Hauch von Ingwer und Zitronengras

Der Duft exotischer Gewürze ist ein wunderbares Mittel gegen schlechte Laune. Wenn Sie so richtig lustlos oder mies drauf sind, schnuppern Sie doch einfach an einem Gläschen mit Sternanis oder Kardamom. Genießen Sie den herrlich sinnlichen Kick und lassen Sie sich für einen Moment in die märchenhafte Welt des Orients entführen.

Gewürze aus aller Herren Länder – damit verbunden ist noch immer ein Hauch von Exotik und Abenteuer. Früher mußten Gewürze erst eine gefährliche Weltreise überstehen, bevor sie in den europäischen Töpfen landeten: Gefäße mit kostbarem Safran schaukelten wochenlang auf einem Kamel durch die Wüste. Eine Ladung Pfefferkörner war auf den Schiffen der Ostindienfahrer verheerenden Stürmen ausgeliefert. Wen wundert es da, daß die kostbare Fracht teilweise mit Gold aufgewogen wurde. Die duftenden Gewürze regten aber nicht nur den Gaumen an, sondern auch die Phantasie. Denn die Kaufleute brachten die schönsten Geschichten von sagenhaften Paradiesgärten im Orient mit, wo sich Liebende himmlischen Freuden hingaben.

Mit den Rezepten dieses Kapitels werden Sie zumindest himmlische Gaumenfreuden erleben. Die Gewürze gibt es heute in jedem Asienladen, teilweise auch schon im Supermarkt. Zitronengras gehört zu meinen ganz persönlichen Favoriten. Es verleiht den thailändischen Gerichten ihren einzigartigen Geschmack. Am besten ist das Aroma der frischen Stengel, von denen nur der untere, eingerollte Teil verwendet wird. Mit etwas Glück bekommt man Zitronengras sogar als Topfpflanze. Das Gras ist pflegeleicht und gedeiht prächtig, im Winter am Küchenfenster, im Sommer sogar draußen. Falls Sie kein Zitronengras zur Verfügung haben, läßt sich das Aroma zur Not mit Zitronenschale und etwas geriebenem Ingwer imitieren. Kaufen Sie Ingwer aber frisch als Wurzel. Das Aroma ist um Klassen besser, als wenn Sie ein Produkt aus dem Gewürzregal wählen.

Gambas auf Wirsing mit Currysauce und Ingwer
(Für 4 Personen)
Zeitaufwand: 1 Stunde

Zutaten
24 Gambas

½ Wirsingkopf   *Pfeffer aus der Mühle*
5 EL Sahne   *Muskat*
Salz

Für die Sauce
4 cl Weißwein   *1 EL Butter*
2 cl Noilly Prat   *1 kleine Knolle Ingwer*
1 Schalotte
½ TL Curry
150 ml Fischfond
250 ml Crème double
Zitronensaft
Salz
1 EL geschlagene Sahne

Zubereitung
Die Gambas aus den Schalen lösen, den Darm entfernen und sie dann unter fließendem Wasser abspülen.
Vom Wirsingkopf den Strunk und die dicken Blätter entfernen. Die zarten Wirsingblätter in 3 x 3 cm große Quadrate schneiden. In sprudelndem Salzwasser blanchieren, in Eiswasser abschrecken und gründlich trockentupfen.
Speck in kleine Würfel schneiden, blanchieren, abgießen und kurz anschwitzen. Sahne dazugießen und zur Hälfte reduzieren. Den Wirsing hineingeben, das Ganze mit Salz, Pfeffer und Muskat abschmecken.
Weißwein und Noilly Prat mit feingeschnittenen, gewaschenen Schalotten und dem Curry kurz ankochen. Mit dem Fischfond aufgießen. Auf die Hälfte reduzieren und die Crème double zugeben. Weitere 5–10 Minuten einkochen, abpassieren und im Mixer aufschlagen. Mit Zitronensaft und Salz abschmecken.
Die Gambas im Dampf 4–5 Minuten garen.

Im Mixer die Currysauce mit Sahne und Butter aufschlagen, frisch geriebenen Ingwer nach Belieben hineingeben.

Das Wirsinggemüse auf vorgewärmte Teller anrichten, die Gambas darauf setzen. Zu der Sauce die geschlagene Sahne fügen und damit die Gambas überziehen.

Saiblingsfilet auf Zitronengras-Risotto
(Für 4 Personen)
Zeitaufwand: 50 Minuten

Zutaten

1 Bund Zitronengras	*400 ml Fischfond*
30 g Butter	*100 g Butter*
100 g Vialone-Reis	*Salz*
(spezieller Risottoreis)	*100 ml Sahne*
2 Saiblinge (à 300 g)	*Pfeffer aus der Mühle*
Salz	*Etwas Nußbutter*

Zubereitung

Das Zitronengras in der Butter anschwitzen und das Risotto hineingeben. Dieses schwitzen lassen, mit Fischfond ablöschen und köcheln lassen. Wenn die Flüssigkeit reduziert ist, wieder etwas Fischfond nachgeben, bis das Risotto seine richtige Konsistenz hat (dauert ca. 18 Minuten). Danach das Risotto mit Butterflöckchen und Salz verfeinern.

Die Saiblinge enthäuten, filetieren und entgräten. Filets mit Salz und Pfeffer würzen, über Dampf ca. 3 Minuten gar ziehen lassen. Dann auf der Hautseite in Nußbutter kurz ansautieren.

Das Risotto mit der Sahne verflüssigen, auf Teller verteilen, darauf die gegarten Fischfilets anrichten.

Seeteufelmedaillons in Safran mit Courgetten

(Für 4 Personen)
Zeitaufwand: 35 Minuten

Zutaten

400 g Seeteufelfilets, sauber pariert
Salz, Pfeffer aus der Mühle

1 rote Paprikaschote
2 kleine Courgetten
20 g Butter

Für die Sauce
1 Schalotte
½ Fenchelknolle
1 Karotte
1 kleines Stück Lauch
1 kleines Stück Sellerie
60 g Butter
½ TL Safranfäden
1 TL Pernod

3 EL Weißwein
3 EL Noilly Prat
300 ml Fischfond
300 ml Fond blanc
400 ml Crème double
Salz
Zitronensaft
2 EL Wasser

Zubereitung

Die Seeteufelfilets in 16 gleich große Stücke schneiden, mit Salz und Pfeffer würzen.
Für die Sauce alle Gemüse putzen, waschen und kleinschneiden. In einer Sauteuse 20 g Butter erhitzen und die Gemüse darin anschwitzen, ohne daß sie dabei Farbe annehmen. Die zerriebenen Safranfäden hinzugeben. Mit Pernod, Weißwein und Noilly Prat ablöschen. Dann mit Fischfond und Fond blanc auffüllen und auf ein Drittel reduzieren. Crème double hinzugeben und alles ca. 10 Minuten langsam köcheln lassen, dabei abschäumen. Die Sauce durch ein Sieb gießen, mit Salz und Zitronensaft abschmecken. Mit der restlichen Butter im Mixer aufschlagen.
Paprikaschoten vierteln, entkernen und im Grill bräunen. Herausnehmen und die Haut abziehen. Das Fruchtfleisch in kleine Würfel schneiden. Courgetten waschen und ungeschält ebenfalls in kleine Würfel schneiden. Beide Gemüse in einer Sauteuse mit Butter, Wasser und Salz kurz dünsten.
Seeteufelmedaillons auf ein gebuttertes Gitter setzen und zugedeckt in einem Topf über Dampf ca. 4 Minuten garen. Das Paprika-Courgetten-Gemüse mit der Safransauce mischen. Fischmedaillons auf vorgewärmte Teller geben und mit dem Gemüse in der Sauce schön anrichten.

Köstliche Gaumenfreuden: Süßes zum Sattessen

Glück – das können manchmal auch die ganz kleinen Dinge im Leben sein. Zum Beispiel eine Wiener Mehlspeise. Was gibt es da nicht alles für Köstlichkeiten: goldgelb gebackenen Kaiserschmarren mit viel Puderzucker und Rosinen; köstlichen Topfenpalatschinken, Salzburger Nockerln, Marillenknödel und frischen, warmen Apfelstrudel in einem Meer von Vanillesauce.

Als aufgeklärte, figurbewußte Zeitgenossen denken wir bei Mehlspeisen natürlich als erstes an die Kalorien. Und so gönnt man sich einen Kaiserschmarren höchstens einmal im Winterurlaub, wenn man sich den ganzen Tag auf der Skipiste betätigt hat.

Das ist schade. Denn wenn ein Gericht eine Sünde wert ist, dann eine Mehlspeise. Schon die österreichischen Kaiser wußten dies. Sie schätzten die süßen Schmankerln so sehr, daß sie dem Chef-Zuckerbäcker ein dreimal höheres Gehalt zahlten als dem Küchenchef. Schließlich ist die Kombination von Eiern, Mehl, Zucker und Butter für den Gaumen die schiere Lust. Der lockere, weiche Teig erzeugt das optimale Gefühl im Mund: man kann einen großen Bissen nehmen, und trotzdem braucht man kaum zu kauen – ähnlich wie in Babytagen, als wir voller Behagen unseren Brei mampften. Außerdem ist eine Mehlspeise herrlich warm und süß, was weitere angenehme Empfindungen hervorruft.

Mehlspeisen sind der absolute Geheimtip gegen schlechte Laune. Vielleicht ist es kein Zufall, daß gerade die Wiener, denen man einen Hang zur Melancholie nachsagt, die süßen Hauptgerichte bis zur Perfektion verfeinert haben. Denn die Mengenverhältnisse der zu verwendenden Zutaten schaffen die optimalen Voraussetzungen dafür, daß der Körper das Glückshormon Serotonin herstellen kann.

Schlagen Sie beim nächsten Anfall von gedrückter Stimmung einfach über die Stränge und verwöhnen Sie sich mit einem Seelentröster wie *Quarksoufflé auf Mangosauce* oder *gratiniertem Topfenpalatschinken*. Sollte die Waage am nächsten Tag weiter ausschlagen als sonst, können Sie ja immer noch etwas kürzertreten.

Wiener Himbeeromelette

(Als Hauptspeise für 2 Personen,
als Nachspeise für 4 Personen)
Zeitaufwand: 40 Minuten

Zutaten

200 g Quark (20 % Fett)	*4 Eiweiß*
3 Eigelb	*100 g Zucker*
Abgeriebene Schale	*300 g Himbeeren*
von ½ unbehandelten Zitrone	*30 g Butter*

Für die Garnitur
Puderzucker zum Bestäuben   *2 EL Sahne*

Zubereitung

Den Quark durch ein Sieb in eine Schüssel streichen, dann Eigelbe gründlich unterrühren und Zitronenschale untermischen.

Eiweiß und 70 g Zucker mit dem Handrührgerät zu einer cremigen, nicht zu festen Masse schlagen.

Mit einem Schneebesen die Quarkmasse und den Eischnee vorsichtig vermengen.

Den Backofen auf 220 Grad vorheizen.

Die Himbeeren verlesen. 150 g davon in einer Glasschüssel mit dem restlichen Zucker vermischen. Übrige Himbeeren mit dem Mixstab pürieren und anschließend durch ein Sieb passieren.

Zwei beschichtete Pfannen von etwa 18 cm Durchmesser erhitzen. Etwas Butter darin schmelzen. Mit einer Schöpfkelle je ein Viertel der Omelettemasse in den Pfannen verteilen und glattstreichen. Die Omelettes bei mittlerer Hitze etwa 2 Minuten leicht anziehen lassen, dann für weitere 8 Minuten in den Backofen (mittlere Schiene) stellen. Dabei verdoppelt sich das Volumen. Beide Omelettes herausnehmen. Die Himbeeren mit einem Löffel darauf verteilen und die Omelettes zur Hälfte zusammenklappen.

Omelettes auf vorgewärmte Teller legen und mit wenig Puderzucker bestäuben. Daneben die Himbeersauce verteilen. Etwas Sahne darauf geben und mit einer Gabel Muster durch die Sauce ziehen. Die Omelettes rasch servieren, sie fallen sonst wieder zusammen.

Mit der restlichen Omelettemasse ebenso verfahren.

Mein Tip

Statt zwei Pfannen können Sie auch eine größere verwenden. Dann die Omelette vor dem Servieren halbieren. Eine lockere, leichte Süßspeise, die Sie auch als Hauptgericht (für 2 Personen) servieren können.

Quarksoufflé auf Mangosauce
(Für 4 Personen)
Zeitaufwand: 45 Minuten

Zutaten
200 g Quark (20 % Fett)	*4 Eiweiß*
3 Eigelb	*70 g Zucker*
Abgeriebene Schale von ½ Zitrone	

Für die Sauce
250 g Mango	*5 Blatt Gelatine*
250 g Läuterzucker	*Etwas Sekt*

Außerdem
4 kleine Auflaufförmchen (8 cm Durchmesser)
Butter und Zucker für die Förmchen

Zubereitung
Quark und Eigelbe verrühren, die abgeriebene Schale der ½ Zitrone zugeben.
Eiweiß und Zucker zu einem weichen Schnee schlagen (er darf nicht flockig sein) und vorsichtig unter die Quarkmasse heben.

Mango schälen, pürieren und durch ein Sieb drücken. Den aufgefangenen Saft mit dem Läuterzucker abschmecken. Dann die eingeweichte Gelatine in etwas Sekt erwärmen, bis sie sich aufgelöst hat, dann unterrühren. Die Sauce nun erkalten lassen. Anschließend als Spiegel auf dem Teller ausgießen.

Wasser in einem flachen, feuerfesten Gefäß bis zum Siedepunkt erhitzen. Die Auflaufförmchen mit Butter einfetten und mit Zucker ausstreuen. Soufflémasse einfüllen und die Förmchen so in das Wasserbad setzen, daß sie mindestens bis zu drei Viertel ihrer Höhe im Wasser stehen. Achten Sie darauf, daß kein Wasser in die Quarkmasse gerät. Bei 250 Grad im Ofen ca. 18 Minuten garen.

Die Soufflés auf die Teller mit dem Spiegel aus Mangosauce stürzen und dann sofort servieren.

Kaiserschmarren
(Für 4 Personen)
Zeitaufwand: 35 Minuten

Zutaten	*4 Eiweiß*
120 g Mehl	*30 g Zucker*
½ Vanilleschote	*50 g Rosinen,*
40 g Butter	*in heißem Wasser eingeweicht*
250 ml Sahne	*20 g Mandeln*
4 Eigelb	*Etwas Puderzucker zum Bestäuben*

Zubereitung

Mehl mit dem ausgelösten Mark der Vanilleschote, Butter, Sahne und Eigelbe verquirlen, bis eine sämige Masse entsteht. Das Eiweiß mit dem Zucker getrennt aufschlagen und unter die andere Masse heben.

Pfanne ohne Fett heiß werden lassen. Den Teig etwa 3 cm dick in die Pfanne geben und warten, bis er stockt. Mandeln rösten, dann zusammen mit den Rosinen auf die Masse streuen. Die Pfanne kurz bei 180 Grad in den Ofen stellen. Nach etwa 4–5 Minuten, wenn die Masse goldbraun ist, den Kaiserschmarren auf ein Blech stürzen und mit der Gabel zerreißen.

Den Kaiserschmarren auf einem Teller anrichten und mit Puderzucker bestreuen.

Gratinierter Topfenpalatschinken

(Für 4–6 Personen)
Zeitaufwand: 45 Minuten

Zutaten

60 ml Milch	2 Eier
100 ml Sahne	1 Prise Salz
80 g Mehl, Typ 405	20 g braune Butter (in der Pfanne angebräunt)
45 g Puderzucker	125 g Quark (25 % Fett)
25 g Butter	Abgeriebene Schale von ½ Zitrone
2 Eigelb	100 g Crème fraîche

Für die Gratinmasse

250 ml Sahne	4 Eigelb
1 Vanillestange	2 EL geschlagene Sahne
40 g Zucker	

4 EL Sultaninen (in Rum eingeweicht)

Zubereitung

Milch, Sahne, Mehl, Eier und Salz zu einem glatten Teig verrühren. Die braune Butter langsam zugeben.

25 g Puderzucker, Butter und 1 Eigelb schaumig rühren. Den Quark und die Zitronenschale beigeben. Das zweite Eigelb mit dem übrigen Zucker zu steifem Schnee schlagen. Diesen nach und nach vorsichtig unter die Quarkmasse ziehen. Zum Schluß Crème fraîche beifügen.

Die Sahne für die Gratinmasse erhitzen und das ausgekratzte Mark der Vanillestange darin ziehen lassen. Zucker und Eigelbe schaumig rühren, die heiße Vanillesahne langsam während des Schlagens zugeben, so daß eine leichte Bindung entsteht. Nach dem Erkalten die geschlagene Sahne unterziehen. Aus dem Teig dünne Palatschinken backen. Diese mit ca. 3 EL der Quarkmasse füllen, mit Sultaninen bestreuen und zur Hälfte einschlagen.

Die Palatschinken auf feuerfeste Teller oder in eine flache Auflaufform legen und ca. 8 Minuten im Ofen backen, dann mit der Gratinmasse bedecken und bei 220 Grad im Ofen gratinieren. Sofort servieren!

Desserts

Zart cremig: Schokoladen-Variationen

Macht Schokolade tatsächlich glücklich? Probieren Sie es doch einfach mal aus: Schieben Sie sich ein Stückchen Schokolade in den Mund, und schließen Sie die Augen. Beobachten Sie nun, was sich zwischen Zunge und Gaumen abspielt. Spüren Sie, wie der kühle, harte Klumpen weich wird, schmilzt und sich in eine samtweiche Creme verwandelt? Wie 500 verschiedene Aromen Ihre Geschmacksnerven umspielen und sich ein unbeschreiblich wohliges Gefühl in Ihrem Mund ausbreitet? Wenn sich Ihre Züge jetzt entspannen und die Mundwinkel leicht nach oben gehen, dürfen Sie die eingangs gestellte Frage getrost mit »Ja« beantworten.

Die Wissenschaftler streiten sich nach wie vor darüber, warum Schokolade Glücksgefühle hervorruft. Es gilt als erwiesen, daß die Kombination von Milch und Zucker die Serotoninproduktion anregt, was zu einer inneren Ruhe und Zufriedenheit führt. Daneben hat man eine ganze Reihe von Substanzen wie Theobromin und Phenyläthylamin entdeckt, die sich ebenfalls positiv auf die Stimmung auswirken. Dabei wird aber immer wieder angezweifelt, ob die minimalen Mengen dieser Stoffe, die zum Beispiel in einer Tafel Schokolade enthalten sind, überhaupt etwas bewirken können.

Leider ist Schokolade eine Kalorienbombe, das wollen wir gar nicht bestreiten. Aber wenn Ihre Laune im Keller ist, dürfen Sie sich ruhig einmal eine kleine Sünde zugestehen. Und zwar am besten eine *Mousse au Chocolat*. Das ist das Köstlichste, was man aus Schokolade machen kann – sozusagen die absolute Krönung aller Schokoladengenüsse.

Die drei Rezepte auf den folgenden Seiten sind ganz einfach. Sie sollten dazu allerdings die beste Kuvertüre verwenden, die Sie auftreiben können. Als Faustregel gilt, daß Schokoladenmasse aus Belgien besonders hochwertig ist. Die *Schokoladenterrine auf Moccasauce* wird aus einer ausgesprochen luftigen Mousse zubereitet, da wir für diese nur Eiweiß verwenden. Wenn es einmal sehr schnell gehen soll oder Sie einen Instant-Trostpflaster brauchen, läßt sich dieses Rezept auch abwandeln. Füllen Sie die Mousse dann nicht in die Form, sondern servieren Sie sie sofort.

Schokoladenterrine auf Moccasauce

(Für 8–14 Personen)
Zeitaufwand: 35 Minuten

Zutaten
325 g Kuvertüre
3 Eiweiß

65 g Zucker
500 ml Crème double

Für die Sauce
200 ml starker Mocca
100 g Haselnußnougat
40 g Zucker

20 g Weizenstärke
4 EL Rum
50 g halbgeschlagene Sahne

Für die Garnitur
Einige Minzeblättchen

Außerdem
1 Terrinenform

Zubereitung
Kuvertüre in einer Metallschüssel im Wasserbad schmelzen.

In einer zweiten Schüssel Eiweiß mit 50 g Zucker und in einer dritten Crème double mit dem restlichen Zucker steif schlagen. Danach die geschlagene Crème double unter den Eischnee ziehen.

Die Schüssel mit der heißen Kuvertüre aus dem Wasserbad nehmen und mit der Hand die zubereitete Masse unterziehen. Falls sich diese nur schwer mit der Kuvertüre bindet, liegt es daran, daß die Schokolade dabei zu schnell erkaltet. Stellen Sie dann die Schüssel während des Vermischens nochmals kurz in das Wasserbad. Die Mousse in eine Terrinenform füllen und in den Kühlschrank stellen.

In einer Sauteuse den Mocca mit Nougat und Zucker aufkochen. Die Weizenstärke im Rum auflösen und die heiße Flüssigkeit damit leicht binden. Unter ständigem Schlagen erkalten lassen und dann die halbgeschlagene Sahne unterheben.

Die Terrine stürzen und vor dem Servieren für 30 Minuten außerhalb des Kühlschranks stehenlassen.

Die in Scheiben geschnittene Terrine auf der Moccasauce anrichten und mit Minzeblättchen garnieren.

Mousse au Chocolat in Schokoladenblättern
(Für 4–6 Personen)
Zeitaufwand: 1 Stunde

Zutaten

Für die Schokoladenblätter

200 g dunkle Zartbitter-Kuvertüre	*1 Bogen Pergamentpapier 50 x 25 cm*
50 g helle Kuvertüre	*40 g Zucker*
125 g dunkle Kuvertüre	*250 g Crème double*
3 Eiweiß	*2 EL Rum*

Zubereitung

Für die Schokoladenblätter die Kuvertüre zerkleinern und in einer Cromarganschüssel im Wasserbad schmelzen. Anschließend unter ständigem Rühren abkühlen lassen, dann noch einmal leicht erwärmen. Sofort danach die Kuvertüre ca. 1 mm dick auf das Pergamentpapier streichen. Etwas fest werden lassen, dann in 5 x 6 cm große Rauten schneiden. Das bestrichene Pergament für kurze Zeit in den Kühlschrank stellen, damit sich später die Blätter leichter vom Papier lösen.

Helle und dunkle Kuvertüre zerkleinern und in einer Schüssel im Wasserbad schmelzen. Das Eiweiß mit dem Zucker cremig aufschlagen. Die Crème double leicht steif schlagen, mit dem Eischnee mischen und die gut warme Kuvertüre einrühren. Mit Rum abschmecken.

Die Schokoladenblätter vom Pergament lösen. Pro Person 4 Blätter mit der Mousse bestreichen und übereinandersetzen. Auf vorgekühlten Tellern anrichten.

Mousse von weißer Schokolade mit Walderdbeeren

(Für 6–10 Personen)
Zeitaufwand: 50 Minuten
Kühlzeit: 2–3 Stunde

Zutaten

45 g Butter, weich	3 EL Kirschwasser, lauwarm
15 g Puderzucker	200 g geschlagene Sahne
2 Eigelb (Zimmertemperatur)	1 Schälchen Walderdbeeren
90 g weiße Kuvertüre	12 kleine Minzeblätter

Zubereitung

Butter und Puderzucker schaumig schlagen, Eigelbe zugeben und ca. 5 Minuten weiterschlagen. Die Kuvertüre in große Stücke schneiden und in einer Schüssel im Wasserbad schmelzen. Mit dem Schneebesen das Kirschwasser und die geschmolzene Kuvertüre unter die zubereitete Masse ziehen. Zum Schluß die geschlagene Sahne unterheben. Die Mousse in eine flache Schüssel füllen und zum Erkalten für mindestens 2–3 Stunden in den Kühlschrank stellen.

Mit einem immer wieder in heißes Wasser getauchten Löffel Nocken aus der Mousse stechen. Jeweils 3 davon auf kalten Tellern anrichten und mit den Walderdbeeren und den Minzeblättchen garnieren.

Paradiesische Minuten: sündige Leckereien

Alles muß einmal zu Ende gehen, auch das raffinierteste Schlemmermenü. Ein süßes Dessert ist der krönende Abschluß jedes gelungenen Mahls – vergleichbar mit den besonders prächtigen Raketen, die bei einem Feuerwerk zum Finale abgeschossen werden. Der Hauptgang sollte immer auch sättigen, beim Nachtisch geht es um die pure Lust. Dabei sind der kulinarischen Phantasie keine Grenzen gesetzt: Die Palette reicht von Puddings und sahnigen Cremes über luftige Soufflés, Mousses und Baisers bis hin zu kühlen Köstlichkeiten wie Eiscreme, Parfaits oder Sorbets.

Seltsamerweise verspürt man gerade nach einem besonders nahrhaften Essen oft noch Lust auf etwas Süßes – obwohl man eigentlich das Gefühl hat, gleich zu platzen. Das liegt daran, daß der Stoffwechsel auf ein Überangebot von Kohlenhydraten mit einer heftigen Insulinausschüttung reagiert, um die Glukose aus dem Blut abzutransportieren. Wird zuviel Insulin produziert, kommt es zu einem leichten Unterzucker und wir bekommen Heißhunger auf Süßigkeiten.

Die Vorliebe für Zucker saugen wir quasi mit der Muttermilch ein, da sie süßlich schmeckt. Sie liefert dem Baby das wohlige Gefühl, genährt und geliebt zu werden. Die Psychologen behaupten, daß diese Erfahrung ein Leben lang mit dem süßlichen Geschmack verknüpft bleibt. Süßigkeiten sind aber auch deshalb Streicheleinheiten für die Seele, weil sie in gewisser Weise etwas Besonderes sind. In früheren Zeiten, als der Zucker noch nicht industriell produziert wurde, waren süße Speisen teuer und rar. Mittlerweile gibt es Schokolade und Kuchen natürlich in Hülle und Fülle. Wer verantwortungsvoll mit seinem Körper umgeht, wird den Konsum von solchen Leckereien aber trotzdem in Grenzen halten und sich nur hin und wieder eine kleine, köstliche Sünde erlauben.

Unsere leichten Desserts können Sie ohne allzu schlechtes Gewissen genießen. Wir gehen mit dem Zucker eher sparsam um und achten darauf, daß die Balance zwischen Süße und anregender Säure stimmt.

Holunderblütenparfait

(Für 6–8 Personen)
Zeitaufwand: etwa 50 Minuten
Ruhezeit für den Sirup: 2–3 Tage
Kühlzeit: etwa 3 Stunden

Zutaten

Für den Holunderblütensirup

30 g Holunderblüten ohne Stiele	*100 ml Wasser*
70 g Zucker	*1 Zitrone*
100 ml trockener Weißwein	*1 Gewürznelke*
100 ml Champagner	

2 Zitronen	*400 g Sahne*
4 Eigelb	*100 ml Sekt*
40 g Zucker	*250 g Erdbeeren*

Außerdem
1 Terrinenform von 29 cm Länge, 7 cm Höhe, 7 cm Breite oder
8 Timbale-Förmchen

Zubereitung

Für den Sirup die Holunderblüten in ein Sieb geben und kurz mit Wasser überspülen. Dann mit Zucker, Weißwein, Champagner und Wasser in einen Topf geben. Die Zitrone auspressen, ihren Saft und die Gewürznelke hinzugeben.

Alles aufkochen, dann etwa 10 Minuten bei schwacher Hitze ziehen lassen. Zudecken und abkühlen lassen. Den Sirup 2–3 Tage in den Kühlschrank stellen, dann durch ein Sieb schütten und 250 ml davon abmessen.

Die Zitronen auspressen, den Saft durch ein Sieb gießen.

Für ein Wasserbad in einem Topf etwa 1 l Wasser zum Kochen bringen. Eigelbe, Holunderblütensirup, 30 g Zucker und 200 g Sahne mit dem Schneebesen verrühren. Die Schüssel in das heiße Wasserbad stellen und die Masse so lange schlagen, bis sie cremig wird. Die Creme kurz vor dem Aufkochen aus dem Wasserbad nehmen und auf Eis kalt schlagen. Anschließend nach und nach den Sekt und den Zitronensaft unter die Masse schlagen.

Restliche Sahne steif schlagen und unter die erkaltete Parfaitmasse heben, diese dann in die Terrinenform oder die Timbale-Förmchen geben und glattstreichen. Das Parfait ins Gefrierfach stellen und in etwa 3 Stunden gefrieren lassen.

Erdbeeren in ein Sieb geben und mit Wasser überspülen. Die Früchte von den Stielen befreien, vierteln und durch ein Haarsieb streichen. Mit dem restlichen Zucker das Erdbeermark süßen.

Mit dem Erdbeermark einen Spiegel auf die Teller gießen. Die Terrinenform bzw. die Timbale-Förmchen kurz in heißes Wasser tauchen. Das Parfait aus der Terrinenform auf ein Brett stürzen und mit einem Messer in etwa 1½ cm dicke Scheiben schneiden oder aus den Förmchen stürzen.

Schließlich das Parfait auf das Erdbeermark legen und mit Minzeblättchen und Erdbeeren in Scheiben garnieren.

Himbeeren in Feigen auf Mandelschaum
(Für 4 Personen)
Zeitaufwand: 20 Minuten

Zutaten
4 reife, blaue Feigen   *Himbeergeist*
1 Schälchen Himbeeren   *Etwas Puderzucker*
500 ml Schlagsahne   *(je nach gewünschter Süße)*
Mandelmilchsirup
Einige Tropfen Bittermandelessenz

Zubereitung
Feigen schälen und vierteln. Die Himbeeren verlesen und – falls nötig – waschen.

Die Sahne halbsteif schlagen, mit dem Sirup und wenig Essenz aromatisieren. Den Mandelschaum auf tiefe, gekühlte Teller verteilen. Darauf die Feigenviertel sternförmig anrichten.

Himbeeren in etwas Himbeergeist und, je nach gewünschter Süße, Puderzucker kurz erhitzen. Dann in die Mitte des Feigensterns geben.

Walnußbuchteln auf Sauerkirschen

(Für 4 Personen)
Zeitaufwand: 1½ Stunden

Zutaten

500 ml Rotwein

120 g Zucker

2 EL roter Portwein

1 Stück Zitronenschale

1 Stück Orangenschale

½ Zimtstange

1 kg Sauerkirschen, entsteint

6 g Speisestärke

Für die Buchteln

250 g Mehl

20 g Hefe

35 g Zucker

200 ml Milch

50 g zerlassene Butter

Salz

Geriebene Schale von 1 Zitrone

2 Eigelb

50 g Walnüsse, feingehackt

Zubereitung

Den Rotwein auf etwa 300 ml reduzieren. Zucker, Portwein, Zitronen- und Orangenschale sowie Zimtstange zugeben und etwas ziehen lassen.

Die Zimtstange herausnehmen, die Kirschen zugeben und nochmals einige Minuten ziehen lassen. Nun die Kirschen aus der Sauce heben und auch die Orangen- und Zitronenschale entfernen. Mit der kalt angerührten Speisestärke binden. Während des Abkühlens öfter umrühren, damit sich keine Haut bildet. Erst danach die Kirschen wieder hinzufügen.

Das Mehl in eine leicht erwärmte Edelstahlschüssel geben und in die Mitte eine Vertiefung drücken. Zerbröselte Hefe mit ein wenig Zucker und etwas lauwarmer Milch in dieser Kuhle verrühren, zudecken und ca. 25 Minuten gehen lassen.

Die restliche Milch mit der zerlassenen Butter, dem übrigen Zucker, Salz, geriebener Zitronenschale und den Eigelben vermischen. Zusammen mit dem aufgegangenen Hefeansatz und den Walnüssen zu einem glatten Teig verarbeiten und kräftig schlagen, bis er Blasen wirft. Dann nochmals gehen lassen, die Masse sollte sich währenddessen verdoppeln.

Anschließend den Teig wieder zusammenschlagen, 1 cm dick ausrollen, kleine Buchteln ausstechen und formen, durch lauwarme Butter ziehen und aufrecht stehend in einer Backform bei 50 Grad im Ofen nochmals gehen lassen. Dann bei 180 Grad etwa 30 Minuten backen.

Die gebackenen Buchteln voneinander trennen, mehrere auf vorgewärmten Tellern anrichten und mit den Sauerkirschen servieren.

Feuilleté mit Kirschen

(Für 4 Personen)
Zeitaufwand: 45 Minuten

Zutaten
100 g Blätterteig   *Etwas Puderzucker zum Bestäuben*

250 g Milch   *3 Eier*
70 g Zucker   *1 kg Kirschen*
½ Vanilleschote   *100 g Zucker*
15 g Cremepulver (Puddingpulver)

Zubereitung
Blätterteig auf 3 mm ausrollen und in 8 x 20 cm große Rechtecke schneiden. Den Teig 20 Minuten ruhen lassen. Anschließend mit Puderzucker bestäuben und bei 200 Grad ca. 15–20 Minuten goldgelb backen. In drei Schichten aufschneiden.

Milch mit dem Zucker und der Vanilleschote erhitzen. Cremepulver mit etwas kalter Milch anrühren, mit den Eiern glattrühren. Dann mit der kochenden Milch verrühren und zur Creme ziehen. Das Ganze mit einer Klarsichtfolie abdecken, um eine Hautbildung zu vermeiden.

Kirschen entkernen, auf ein Backblech legen und mit Zucker bestreuen, ca. ½ Stunde ziehen lassen, danach bei 200 Grad etwa 5 Minuten im Ofen garen.

Die Blätterteigrechtecke mit Creme bestreichen. Dann auf die Rechtecke Kirschen und eine weitere Schicht Blätterteig mit Creme geben. Kurz im Ofen warm stellen. Dann eine weitere Schicht Blätterteig auflegen. Auf Tellern anrichten und servieren.

Mein Tip
Das fertige Feuilleté nur kurz erwärmen, ansonsten verliert der Blätterteig seine krosse Struktur. Es empfiehlt sich, den Blätterteig am Vortag bei einem Bäcker zu bestellen.

Mohnkuchen mit Zwetschgenkompott
(Für 4–6 Personen)
Zeitaufwand: 1 Stunde

Zutaten
450 g Zwetschgen   *Etwas Zimt*
80 g Zucker   *Mark von ½ Vanillestange*

Für den Mohnkuchen
100 g Butter   *25 g Mehl*
100 g Zucker   *25 g Semmelbrösel*
4 Eigelb   *4 Eiweiß*
150 g gemahlener Mohn   *Butter und Mehl für die Form*
Salz

Außerdem
4 Portionsförmchen

Zubereitung
Die Zwetschgen schälen, entkernen, in kleine Stücke schneiden und in einen Topf geben. Zucker und Zimt mit den Zwetschgen vermischen. Etwa 1 Stunde ziehen lassen. Das Vanillemark zu den Zwetschgen geben, dann das Ganze einmal aufkochen und anschließend gleich abkühlen lassen.
Für den Mohnkuchen die Butter und 80 g Zucker in einer Schüssel schaumig rühren. Eigelbe nach und nach dazugeben. Mohn, Salz, Mehl und Semmelbrösel unterrühren. Das Eiweiß nicht zu steif schlagen, dabei den restlichen Zucker einrieseln lassen. Vor-

sichtig unter die Mohnmasse heben. 4 Portionsförmchen buttern und mit Mehl ausstreuen. Überschüssiges Mehl durch Stürzen der Förmchen entfernen, danach den Mohnteig einfüllen. Ein Wasserbad vorbereiten und ein Stück Küchen- oder Zeitungspapier hineinlegen, damit das Wasser nicht so stark sprudelt. Die Förmchen in das Wasserbad stellen und im vorgeheizten Backofen bei 180 Grad ca. 40 Minuten backen.

Den Mohnkuchen stürzen und noch warm in Scheiben schneiden, daneben das Zwetschgenkompott anrichten.

Mein Tip

Für die Garnitur können Sie frische, in feine Streifen geschnittene Zwetschgen verwenden.

Weine und Drinks, die Laune machen

Wenn bei uns in der »Residenz« am Freitagabend Gäste eintreffen, bringen sie oft den Streß einer ganzen Woche mit. Verhandlungen, Meetings und Geschäftsreisen – da ist es manchmal gar nicht so einfach, sich auf Entspannung und Genuß umzustellen. Ein Gläschen Champagner oder trockener Weißwein bewirkt in diesem Fall wahre Wunder. Die Alltagssorgen sind plötzlich nicht mehr so wichtig, man wird ruhiger und die Sinne erwachen langsam zu neuem Leben.

Alkohol und Glücksgefühle: Das ist eine Frage der Dosis sowie der Sorte. In geringen Mengen genossen, hat Alkohol einen leicht anregenden und euphorisierenden Effekt. Er aktiviert das Nervensystem und bewirkt, daß sich Blutgefäße und Muskulatur entspannen. Streß, Ängste und Hemmungen lassen nach, Wohlbefinden und Selbstbewußtsein nehmen zu. Außerdem sorgt der Alkohol dafür, daß das Glückshormon Serotonin im Gehirn nicht so schnell abgebaut wird. Die angenehm beruhigende Wirkung einer entsprechend zusammengestellten Mahlzeit hält also länger an, wenn Sie zum Essen ein Glas Wein trinken.

Um sich gute Laune anzutrinken, empfiehlt sich vor allem Champagner. Er gilt als Aphrodisiakum, als Getränk, das Lust und Liebe fördert. Und er eignet sich zum Feiern, weil er im Nu eine ausgelassene Stimmung herbeizaubert. Was den Schaumwein von anderen Weinen unterscheidet, ist die Kohlensäure. Die prickelnden Bläschen sorgen dafür, daß der Alkohol sofort ins Blut befördert wird und zu Kopf steigt. Wenn das Gehirn im Handumdrehen einen kleinen Schwips daraus macht, fühlen wir uns wundervoll: Das Gegenüber scheint wesentlich attraktiver als noch vor zehn Minuten, wir spüren ein angenehmes Kribbeln, Sorgen und Ängste lösen sich in Luft auf. Dazu kommt der sinnliche Reiz. Das kühle Prickeln zwischen Zunge und Gaumen kitzelt die Lebensgeister wach und macht Lust auf weitere Genüsse.

Genausoschnell wie ein Champagner-Schwips kommt, verschwindet er auch wieder. Da die Wirkung unmittelbar und deshalb schon nach einer kleinen Menge Alkohol einsetzt, trinkt man von Champagner im allgemeinen wenig. Der Alkohol baut sich entsprechend rasch ab, und man hat schon nach verhältnismäßig kurzer Zeit wieder einen klaren Kopf.

Damit ein Wein rundum positive Empfindungen auslöst, muß zunächst die Qualität stimmen. Das heißt, daß der Wein sauber vergoren und frei von chemischen Zusätzen ist. Er darf nicht mit billigen Massenweinen verschnitten sein und sollte möglichst wenig Schwefel enthalten. Qualitätsweine, also Weine mit registrierter Herkunftsbezeichnung wie AOC, DOC oder QbA erfüllen diese Kriterien in der Regel. Außerdem bevorzuge ich Weine, die nicht zu alkoholhaltig sind. Enthält ein Wein, wie zum Beispiel manche der amerikanischen Sorten, sehr viel Alkohol, macht er eher müde, statt die Stimmung zu heben.

Beim Wein ist es ähnlich wie bei der Musik: Um den Genuß zu steigern, sollte man sich vom derben Vergnügen der Volksmusik hin zur Oper bewegen, zum verfeinerten Geschmack. Das bedeutet weg von den Gaumenschmeichlern und Geschmacksbomben, hin zu Weinen mit Charakter und Niveau. Dieser Weg ist ein Lernprozeß, der viel Spaß und Freude bringt. Am meisten können Sie dabei natürlich von Fachleuten lernen. Besuchen Sie entsprechende Kurse oder Weinproben, und lassen Sie sich vom Fachhändler oder Sommelier in einem guten Restaurant beraten.

Zum Thema Wein und Stimmung habe ich meine ganz persönliche Philosophie. Bei den Weißweinen liegt für mich in Sachen Glücksgefühl der Chardonnay – wenn er im Barrique ausgebaut wurde – ganz weit vorn. Er steigt schnell zu Kopf, macht beschwingt, hat wenig Säure und führt deshalb nicht zu einem übersäuerten Magen. Den angenehmen Effekt, den dieser Wein auslöst, kann ich zum Beispiel bei Geschäftsessen in unserem Restaurant immer wieder beobachten. Zunächst sitzen die Leute mehr oder weniger steif um den Tisch herum und unterhalten sich sehr förmlich. Wenn ich dann einen Chardonnay servieren lasse, lockert sich die Atmosphäre bald darauf merklich. Man geht aus sich heraus, das Gespräch wird lebhafter, heiterer und unverkrampfter, alle haben ihren Spaß und genießen das Essen. Ein Riesling bringt diese Stimmung nicht, er geht anders in den Kopf und macht nach meiner Erfahrung eher streitlustig. Auch die Sauvignons wirken nicht so zuverlässig wie der Chardonnay. Außerdem besteht bei diesem Wein immer die Gefahr, daß er den Magen durch zuviel Säure aus dem Gleichgewicht bringt.

Ursprünglich ist die Chardonnay-Traube im Burgund zu Hause, wo so berühmte Weine wie Meursault, Chablis und Puligny-Montrachet aus ihr hergestellt werden. Da sich die Rebe den unterschiedlichsten Klimazonen gut anpaßt, wird sie mittlerweile beinahe in jeder Weinanbauregion der Welt angepflanzt. Ich bevorzuge Chardonnays, die im Barrique ausgebaut sind. Einer meiner Lieblingsweine ist der »Löwengang« von Alois Lageder aus Bozen. Natürlich haben solche Spitzenweine ihren Preis. Wer nicht allzu tief in die Tasche greifen will, kann die Chardonnays aus Übersee probieren. Die Weine aus Südafrika, Kalifornien, Australien, Chile und Neuseeland sind teilweise recht ordentlich und noch zu moderaten Preisen zu bekommen.

Rotwein hebt die Laune auf eine andere Art. Er bewirkt eine eher philosophische, je nach Menschentypus auch gefühlvolle Stimmung. Die großen französischen Rotweine sind zwar von ausgezeichneter Qualität und immer eine Lust für den Gaumen, machen aber eher müde. Ebenso die spanischen Weine. Bei einem Italiener bleibt man dagegen eher munter – er hebt die Laune und macht beschwingt.

Besonders die Weine aus der Toskana sind nach meiner Erfahrung sehr gut geeignet, um die Psyche auf Vordermann zu bringen. Zum Beispiel ein guter Chianti: Das ist ein trockener Wein mit wenig Säure und einer wunderbaren Geschmackstiefe. Früher hatte der Chianti einen sehr schlechten Ruf, da er häufig als Massenwein von miserabler Qualität produziert wurde. Das hat sich inzwischen grundlegend geändert. Die besten Weine kommen aus dem Gebiet zwischen Florenz und Siena sowie von der Küste um Maremma. Sie tragen die Bezeichnung Chianti classico. Der Zusatz »Riserva« besagt, daß der Wein eine vorgeschriebene Zeit im Faß gereift ist. Wenn Sie im Laden vor dem Weinregal stehen und nicht wissen, welchen Sie auswählen sollen, achten Sie auf den »Gallo Nero«. Das rote Siegel mit dem schwarzen Hahn bescheinigt, daß der Hersteller Mitglied im Consorzio del Marchio Storico ist und dementsprechend Weine von bester Qualität produziert.

Einer meiner Lieblingsweine ist der Tignanello. Er gehört zu den berühmten neuen italienischen Tafelweinen. Sie sind hervorragend, mußten sich allerdings bisher mit der Bezeichnung »vino da tavola« zufriedengeben, da sie Sorten wie Merlot, Syrah oder Cabernet Sauvignon enthalten, die traditionell für den Chianti classico nicht zugelassen sind. Der Tignanello wird vom Weingut Marchesi Antinori hergestellt. Er enthält neben der Sangiovese-Traube Cabernet Sauvignon und reift in neuen Eichenfässern. Der Ornellaia (Tenuta dell' Ornellaia) ist ebenfalls ein Tafelwein, eine wunderbare Cuvée aus Cabernet Sauvignon, Merlot und Cabernet Franc.

Auch die drei großen Weine aus dem Piemont – Barbera, Barbaresco und Barolo – sind ausgesprochene Stimmungsmacher, sofern sie sorgfältig ausgebaut sind. Der Barbera war ein anspruchsloser, rustikaler Wein, bis Giacomo Bologna damit begann, seinen

berühmten Bricco dell' Uccellone im Barrique herzustellen. Barolo und Barbaresco sind sortenreine Weine aus Nebbiolo-Trauben. Beide gehören zu den besten Tropfen Italiens. Der Barolo ist ein majestätischer Wein, der bei Puristen bis zu acht Jahren im Holzfaß reift. Sein kleiner Bruder, der Barbaresco, stammt aus der Gegend von Alba, und verfügt in der Regel über etwas mehr Frucht. Angelo Gaja, dessen Weine ich besonders schätze, baut Barolo und Barbaresco im Barrique zu Weinen von beeindruckender Perfektion aus.

Im Hinblick auf die Stimmung kann es einen ziemlichen Unterschied machen, ob man den Wein zum oder vor dem Essen trinkt. Generell ist es bekömmlicher, Wein zu einer Mahlzeit zu genießen, da die Säure die Magensäfte anregt und das Essen so besser verdaut wird. Außerdem steigt der Alkohol weniger schnell und damit nicht so massiv zu Kopf, als wenn man den Wein auf nüchternen Magen trinkt. Ein Glas Weißwein vor dem Essen kann bei empfindlichen Menschen den Magen leicht übersäuern. Wenn Sie damit Probleme haben, trinken Sie als Aperitif lieber ein paar Schlucke Sherry oder Portwein.

Auch ein zu starker Drink vor dem Essen kann die Stimmung verderben. Ein Whisky on the rocks betäubt die Geschmacksnerven, außerdem wirkt er sich im Kopf wie ein Totschläger aus. Besser ist ein Mixgetränk mit geringem Alkoholgehalt auf der Basis von frischen, pürierten Früchten. Zu den beliebtesten Cocktails in der »Residenz« gehören der *Papageno* und der *Vivaldi*, die Sie unbedingt einmal selbst ausprobieren sollten.

Papageno

Zutaten

2 cl Zitronensaft, frisch gepreßt	*1 cl Grenadine*
4 cl Orangensaft, frisch gepreßt	*4 cl Gin (Beefeater)*
1 cl Zuckersirup	*¼ frische, reife Papaya (ohne Schale und Kerne)*

Zubereitung

Mixen Sie alle Zutaten mit etwas zerstoßenem Eis gut durch, und gießen Sie den Drink in das vorgekühlte Glas.

Vivaldi

Zutaten
1 cl Williamsbirnenbrand (Zwack)
2 cl Zuckersirup
½ reife Williamsbirne (gelb oder rötlich, ohne Kerne und Schale)

Zubereitung
Geben Sie alle Zutaten mit etwas zerstoßenem Eis und Champagner in den Mixer, und mischen Sie das Ganze gut durch. Gießen Sie den Drink in ein vorgekühltes Glas, und füllen Sie es mit wenig gekühltem Champagner auf.

Leckere Menüvorschläge zum Schlemmen und Genießen

Das Wochenende steht vor der Tür, und Sie haben noch keine konkreten Pläne. Natürlich gibt es wie üblich jede Menge im Haushalt zu tun und tausend lästige Pflichten zu erledigen. Wie wäre es, wenn Sie statt dessen ein Glücksmenü zelebrierten, mit allem was dazugehört? Mit einem gemütlichen Einkaufsbummel, einem schön gedeckten Tisch, Kerzenlicht und leiser Musik?

Wenn man beim Kochen Spaß haben will, sollte man jede Form von Streß vermeiden. Überlegen Sie also, wie Sie sich am besten entspannen können. Vielleicht ziehen Sie sich ja am liebsten alleine in die Küche zurück, oder Sie kochen gerne zusammen mit Ihrem Partner oder Ihrer Partnerin? Möglicherweise teilen Sie sich die Arbeit auch lieber mit kochbegeisterten Freunden? Egal, für welche Variante Sie sich entscheiden – gehen Sie die Sache locker und spielerisch an. Selbst wenn einmal etwas mißlingt, ist der Abend noch lange nicht verdorben. Versuchen Sie, in diesem Fall zu improvisieren und zu retten, was zu retten ist. Ich habe zum Beispiel einmal eine Hummerterrine, die zu stark gewürzt war, so lange mit Sahne aufgemixt, bis sie einen wunderbaren Geschmack hatte. So ist aus einer kleinen Panne das Rezept für meine berühmte Hummermousse entstanden.

Ein Glücksmenü sollte in jeder Hinsicht außergewöhnlich sein. Leisten Sie sich doch einfach einen frischen Hummer oder ein paar Austern! Achten Sie bei den Zutaten unbedingt auf die Qualität, das zahlt sich im Hinblick auf die Aromen eines Gerichts auf jeden Fall aus. Auch die Art der Zubereitung ist wahrscheinlich bei manchen Rezepten in diesem Buch etwas anspruchsvoller, als Sie es gewohnt sind. Die paar zusätzlichen Handgriffe machen aber einen enormen Unterschied aus, den Sie mit Sicherheit schmecken werden. Ebenso sollte der Wein, der zum Essen serviert wird, etwas Besonderes sein. Unsere Vorschläge gehören zugegebenermaßen nicht zu den billigsten, aber dafür runden sie den kulinarischen Genuß wunderbar ab.

Darüber hinaus ist die Bekömmlichkeit der Speisen von Bedeutung. Ein Menü darf niemals so opulent sein, daß man sich danach satt und träge fühlt. Unsere Gäste in der »Residenz« sollen selbst nach dem achten Gang immer noch ein kleines bißchen Appetit haben. So ist man auch nach dem Essen noch fit, vital und leistungsfähig. Die wichtigste Voraussetzung dafür ist die richtige Kombination der Zutaten und eine schonende Zubereitung der Gerichte. Die Rezepte in diesem Buch lassen sich beliebig kombinieren. Sie können durchaus eine Vorspeise als Hauptgericht einsetzen oder das

Menü mit einer Mehlspeise zum Dessert ausklingen lassen. Wichtig ist nur, daß die Gerichte miteinander harmonieren.

Wenn man verschiedene Gerichte zu einer Speisenfolge arrangiert, sollte sich, ähnlich wie in einer Oper, eine bestimmte Spannung aufbauen. Die Vorspeise ist also gewissermaßen die Ouvertüre: Sie sollte leicht sein und den Appetit anregen, keinesfalls darf sie schon sättigen. Das Horsd'œuvre muß zum Hauptgang passen, es sollte sich aber durch die Zutaten und die Zubereitung deutlich davon abheben. Dazu ein Beispiel: Ein Carpaccio als Vorspeise paßt nicht zur Schweinshaxe. Das ist zweimal Fleisch, also zu wenig Abwechslung, außerdem harmoniert das leichte Gericht nicht mit dem deftigen Hauptgang.

Das Hauptgericht ist der Höhepunkt des Menüs und hebt sich durch Portionsgröße und Geschmacksintensität hervor. Deshalb ist es sinnvoll, den Hauptgang bei der Planung der Speisenfolge als erstes festzulegen, und erst dann die Vorspeise auszuwählen. Die Kombination der einzelnen Zutaten des Hauptgerichts sollte einer klaren Linie folgen. Dabei übernimmt das Fleisch beispielsweise die Führung, die Beilagen setzen interessante Akzente und runden die Komposition harmonisch ab. Ein Eintopf ist in einem festlichen Menü zum Beispiel undenkbar, weil er kaum kulinarische Spannung auf den Teller bringt.

Neben der unterschiedlichen Konsistenz der Zutaten, den Aromen und den verschiedenen Zubereitungsarten ist zudem der ästhetische Aspekt wichtig. Bei der Zusammenstellung unserer Rezepte achten wir immer darauf, daß ein Gericht auch bezüglich der Farben harmonisch abgestimmt ist. So paßt zum Lachs beispielsweise hervorragend das helle Grün des Dills. Und rote Beeren leuchten viel intensiver, wenn man sie mit ein paar Minzeblättchen garniert. Auch bei der Zusammenstellung des gesamten Menüs sind die Farben von Bedeutung: Ein Fischgericht mit Safransauce sollten Sie nach Möglichkeit nicht mit einer ebenfalls gelben Vorspeise kombinieren. Viel interessanter für das Auge ist es, wenn Sie vorher eine Tomatensuppe oder eine grüne *Kerbelschaumsuppe* servieren.

Ob Sie ein leichtes oder ein eher sättigendes Menü kochen wollen, sollten Sie von den jeweiligen Umständen abhängig machen. So ißt man in der kalten Jahreszeit oder wenn man emotional besonders bedürftig ist, vielleicht lieber deftige Gerichte wie etwa

Ochsenschwanz. Für Verliebte, die seelisch in Hochstimmung sind, darf die Speisenfolge dagegen leicht sein. Zudem sollten Sie überlegen, ob Sie sich nach dem Essen einfach im Sessel zurücklehnen wollen oder den Rest des Abends noch in irgendeiner Form aktiv gestalten möchten.

Auf den folgenden Seiten finden Sie einige Glücksmenüs, die wir aus den Rezepten in diesem Buch zusammengestellt haben. Damit das Essen jeweils auch die Serotoninproduktion ankurbelt, enthält es genügend tryptophanhaltige Zutaten. Sofern Vorspeise und Hauptgang sehr eiweißbetont sind, haben wir das Menü mit einer eher süßen oder kohlenhydratreichen Nachspeise abgerundet.

Menüvorschlag I

Kürbiscreme mit Ingwer
Hummer auf hausgemachten Nudeln mit Basilikum
Quarksoufflé auf Mangosauce

***

1994 Asso di Fiori Chardonnay VdT
Giacomo Bologna
oder
1995 Nußdorfer Herrenberg
Weißer Burgunder, Spätlese trocken

Die herrliche Farbkombination dieses Menüs wird nicht nur Ästheten in Entzücken versetzen. Dem satten Gelb der Kürbissuppe folgt die Trilogie von rotem Hummer, weißen Nudeln und grünem Basilikum. Das Dessert nimmt mit der Mangosauce das Gelb der Vorspeise wieder auf.

Menüvorschlag II

Tomatensuppe mit Mozzarella-Ravioli
Seeteufelmedaillons in Safran mit Courgetten
Gratinierter Topfenpalatschinken

***

1995 Chardonnay Löwengang DOC
Alois Lageder
oder
1995 Riesling trocken
Weingut Fritz Haag

Eine Folge von lustvollen Streicheleinheiten für den Gaumen: Die klare Tomatensuppe ist ein wunderbarer Wegbereiter für die edlen Seeteufelmedaillons. Das Dessert sorgt für einen runden, nahrhaften Abschluß.

Menüvorschlag III

Spargel mit Beaujolais-Sauce
Gefülltes Perlhuhnküken auf Lauch und Pfifferlingen
Holunderblütenparfait

***

1995 Bricco dell' Uccellone VdT
Giacomo Bologna
oder
1997 Königschaffhausener Steingrüble
Spätburgunder Sélection

Ein Menü, so leicht und köstlich wie ein Sommertag auf dem Land. Vorspeise und Dessert bieten eine Fülle von ungewöhnlichen Aromen, denen der Hauptgang einen eher soliden Akzent entgegensetzt.

Menüvorschlag IV

Saiblingsfilet auf Zitronengras-Risotto
Ochsenschwanz in Burgundersauce
Walnußbuchteln auf Sauerkirschen

***

1993 Brunello di Montalcino DOCG
Mastrojani
oder
1993 Philipp L. Cuvée
Tafelwein, Pfalz

Eine wunderbare Wahl für einen langen, gemütlichen Abend zu Hause. Der Zitronengras-Risotto sorgt für einen spritzigen, ungewöhnlichen Auftakt. Mit dem Ochsenschwanz folgt ein vollmundiger Genuß, der mit den Walnußbuchteln einen köstlichen Abschluß findet.

Menüvorschlag V

Kerbelschaumsuppe
Gambas auf Wirsing mit Currysauce und Ingwer
Schokoladenterrine auf Moccasauce

***

1997 Terlaner Sauvignon DOC
Alois Lageder
oder
1997 Sauvignon Blanc
Steirisch Klassik

Das Besondere an diesem Menü sind die Kontraste der Aromen und der Konsistenzen. Die Kerbelschaumsuppe zergeht ebenso wie die Schokoladenterrine wie von selbst auf der Zunge. Dazwischen setzt die Kombination aus Gambas, Wirsing und Ingwer aufregende Akzente.

Menüvorschlag VI

Pfifferling-Cannelloni mit Lauch
Gebratene Gänseleber in Honig-Vinaigrette
Feuilleté mit Kirschen

***

1994 Barolo d'Alba DOCG
Giacomo Conterno
oder
1996 Laumersheimer Kirschgarten
Spätburgunder, Spätlese trocken

Eine Symphonie von Aromen, die keine Wünsche offenläßt. Dem köstlichen Geschmack der Pfifferlinge folgt ein raffiniertes Duett aus Gänseleber und süß-saurer Honig-Vinaigrette. Das Feuilleté mit Kirschen sorgt für einen harmonischen Ausklang.

Anhang

Bezugsadressen: Weine

Die Ziffern bei den Weinen geben an, unter welcher der folgenden Adressen Sie diese beziehen können.

1994 Asso di Fiori Chardonnay VdT
(Giacomo Bologna)[1]
1995 Nußdorfer Herrenberg; Weißer Burgunder,
Spätlese trocken[3]
1995 Chardonnay Löwengang DOC
(Alois Lageder)[2]
1995 Riesling trocken (Weingut Fritz Haag)[3]
1995 Bricco dell' Uccellone VdT
(Giacomo Bologna)[1]
1997 Königschaffhausener Steingrüble;
Spätburgunder Sélection[5]
1993 Brunello di Montalcino DOCG
(Mastrojani)[2]
1993 Philipp L. Cuvée; Tafelwein, Pfalz[2]
1997 Terlaner Sauvignon DOC (Alois Lageder)[2]
1997 Sauvignon Blanc; Steirisch Klassik[4]
1994 Barolo d'Alba DOCG
(Giacomo Conterno)[1]
1996 Laumersheimer Kirschgarten;
Spätburgunder, Spätlese trocken[3]
Tignanello VdT (Marchesi Antinori)[3]
Ornellaia VdT (Tenuta dell' Ornellaia)[3]
Gaja & Rey Chardonnay VdT/Barolo Sperss
DOCG (Angelo Gaja)[1]

1   Brantl Sigrid
    Frauenplatz 10, 80331 München
    Telefon 0 89/22 30 82, Fax 0 89/22 16 08

2   Steines KG, Weinhandlung – Weinimporte
    Taufkirchner Straße 2, 85435 Erding
    Telefon 0 81 22/1 82 00,
    Fax 0 81 22/4 01 68
    E-Mail: sales@steines-weine.com

3   Unger Weine KG
    Narzissenweg 21, 83229 Aschau
    Telefon 0 80 52/91 99-91 97,
    Fax 0 80 52/91 98-55 43
    E-Mail: unger@ro-online.de

4   Rudolf Wagner KG, Getränkegroßhandel
    Scharnsteiner Straße 1, A-4810 Gmunden
    Telefon 0 76 12/7 84-0, Fax 0 76 12/7 84-11

5   Schlumberger GmbH & Co. KG
    Buschstraße 20, 53340 Meckenheim
    Telefon 0 22 25/9 25-0,
    Fax 0 22 25/9 25-1 51
    E-Mail: service@schlumberger.de

Bezugsadressen: Feinkost und Delikatessen

Deutschland

Dorn-Delikatessen
Theaterstraße 45, 52062 Aachen
Telefon 02 41/3 09 37

Fritz Kuckelkorn, Delikatessen-Feinkost
Peterstraße 8, 52052 Aachen
Telefon 02 41/3 29 25

Otto Boy, Delikatessen-Konfitüren
Manhagener Allee 8, 22926 Ahrensburg
Telefon 0 41 02/5 23 90

Feinkost Streich, Feinkost-Delikatessen
Bahnhofstraße 28, 72458 Albstadt-Ebingen
Telefon 0 74 31/24 89

Bosse Gerhard GmbH, Feinkost
Leinestraße 33–34, 31061 Alfeld/Leine
Telefon 0 51 81/53 67

BÖMA-Lebensmittel
Promenade 14, 91522 Ansbach
Telefon 09 81/56 26

Feinkost Sambeth am Markt
Burgstraße 1, 97980 Bad Mergentheim
Telefon 0 79 31/5 10 01

Der Walter Müller, Feinkost-Delikatessen
Obere Königstraße 28, 96052 Bamberg
Telefon 09 52/2 55 34

Klötzer Delikatessen
Niedernstraße 41, 33602 Bielefeld
Telefon 05 21/17 14 34

Feinkost Moritz GmbH
Hellweg 6, 44787 Bochum
Telefon 02 34/9 64 96-0

Puppe oHG
Inhaber: Joachim Klaeden
Am Brunnen 2, 38700 Braunlage/Harz
Telefon 0 55 20/4 87

»Die Blöchliger«
Fedelhören 11, 28203 Bremen
Telefon 04 21/32 54 04, Fax 04 21/32 86 19

Grashoff Nacht
Sögestraße 54, 28219 Bremen
Telefon 04 21/38 19 10

Friedrich Huth Nachfolger
Großer Plan 7, 29221 Celle
Telefon 0 54 14/60 08

Feinkost Golik
Schmidstraße 1a, 82467 Garmisch-Partenkirchen
Telefon 0 88 21/46 35

Feinkost Klein
Bismarckplatz 1, 82467 Gummersbach
Telefon 0 22 61/2 23 28

Feinkost Ahrend
Blankeneser Landstraße 81a, 22587 Hamburg
Telefon 0 40/86 41 34

Feinkost J. W. M. Broders
Mittelweg 172, 20148 Hamburg
Telefon 0 40/44 53 55

Feinkost Paulsen
Hofweg 2–4, 22085 Hamburg
Telefon 0 40/2 20 23 74

Feinkost Schulte
Georg-Bonne-Straße 100, 22609 Hamburg
Telefon 0 40/82 41 45

Feinkost Backhaus
Königstraße 49, 30175 Hannover
Telefon 05 11/32 50 28

Feinkost Schüler
Neustraße 1a, 45525 Hattingen
Telefon 0 23 24/2 29 39

Feinkost Simon
Almstraße 15, 31134 Hildesheim
Telefon 0 51 21/3 36 60

Delikatessenhaus Nettekoven
Maastrichter Straße 9, 50672 Köln
Telefon 02 21/25 28 90

Feinkost Laske
Stadtplatz 46b, 84453 Mühldorf/Inn
Telefon 0 86 31/62 91

Feinkost Alois Dallmayr
Dienerstraße 14, 80331 München
Telefon 0 89/21 35-0

Fisch und Feinkost GmbH H. Lurz
Meglingerstraße 48, 81477 München
Telefon 0 89/78 80 58

Feinkost Käfer
Ottostraße 6, 80333 München
Telefon 0 89/5 49 13-0

Fisch-Delikatesse Moby Dick
Zanettistraße 11, 80337 München
Telefon 0 89/74 63 11-0

Tölzer Kasladen
Westenriederstraße 16a, 80331 München
Telefon 0 89/22 63 22

Seifach GmbH & Co.
Robert-Koch-Straße 17, 22851 Norderstedt
Telefon 0 40/5 24 00 27

Feinkost Eugen Schrade
Postgasse, 73525 Schwäbisch Gmünd
Telefon 0 71 71/26 01

Schindler-Delikatessen
Maximilianstraße 1, 82319 Starnberg
Telefon 0 81 51/1 24 15

Delikatessenhaus
Spitzwegstraße 2, 70192 Stuttgart
Telefon 07 11/81 66 89

Delikatessen Strijewski
Rothenfelder Straße 3, 38440 Wolfsburg
Telefon 0 53 61/2 25 33

Delikatessen Bauersfeld
Juliuspromenade 46, 97070 Würzburg
Telefon 09 31/5 18 16

Österreich

Delikatessen Strenz & Scio
Getreidegasse 9, A-5050 Salzburg

Feinkost Julias Meinl
Graben 19, A-1010 Wien

Firma Gruber (Fisch, Austern, Krebse)
Naschmarkt 31–36, A-1040 Wien

Delikatessen Gebr. Wild
Neuer Markt, A-1010 Wien

Firma Ziegler (besonders gutes Fleisch)
Kohlmarkt 11, A-1010 Wien

Schweiz

Bianchi G. AG (speziell für Fisch)
Marktgasse 3, CH-8001 Zürich

Magazine zum Globus »Delikatessa«
Schweizergasse 12, CH-8001 Zürich

Traiteur Seiler
Uraniastraße 7, CH-8001 Zürich

Verzeichnis der Gerichte